『資本論』のなかの未来社会論

DAS KAPITAL

不破哲三

新日本出版社

はじめに

最初の論稿の起点となったのは、昨年（二〇一八年）の六月一〇日、労働者教育協会主催の基礎理論研究会でおこなった同名の講義です。研究会に先だって、協会の山田敬男会長から、〝未来社会論を〟という要請をうけたのですが、マルクスの未来社会論のあらましについては、これまでにもいろいろな形で解説的な文章を発表してきていますので、〝『資本論』そのもののなかに未来社会の全体像を探る〟という主題設定をしたのでした。私としては最初の試みであり、時間の制限もあるなかでの講義でしたので、本稿にまとめるにあたっては、講義では十分展開しなかった部分を加筆・補足したほか、全体の構成についても再編成をおこないました。マルクスの未来社会論の研究に役立てていただければ、と思います。

この書の後半には、近年の国際的な理論交流のなかでの不破の発言二篇――ベトナム共産党との理論交流会議での報告「日本共産党綱領制定にあたっての社会主義理論の研究」（二〇一三年一二月）および、「共産党宣言」一七〇周年を記念する『中国社会科学報』への回答「『共産党宣言』と日本共産党の発展」（二〇一八年七月）――を収録しました。

未来社会論は、マルクスの経済学研究の重要な主題の一つですが、現行の『資本論』のなかには、第一部の商品論のなかで生産手段の社会化が生みだす社会体制について簡潔な説明をおこなったあとは、第三部の最後の篇「第七篇　諸収入とその源泉」の「第四八章　三位一体的定式」の冒頭部分（現行版では、前半の中間部分に収録されています）に、そこでの「自由」の問題についてのスケッチ的な書き込みがあるだけで、まとまった叙述はあまりありません。

マルクスは、資本主義的生産様式の「必然的没落」については、第一部の結論的な部分に特別の節「資本主義的蓄積の歴史的傾向」を立てて、総括的な叙述をおこないました。それと同じように、まとまった未来社会論を第三部の最後の部分で展開するつもりで、その準備作業としてこのスケッチ的な叙述を、第七篇の冒頭に書きつけたのでは、と推測しています。第二部の完成をめざす作業の途中で倒れ、第三部は、一八六三～六四年に執筆した原初稿のままに残されたのは、残念きわまりないことですが、それだけに、現行の『資本論』そのもののなかに書き込まれた未来社会論についての記述は、断片的なものであっても、マルクスの未来社会論をマルクス自身の言葉で知る上で、すべてが貴重な意義をもちます。そのことを考えながら、未来社会論について、『資本論』に記述されたマルクスの文章の全体を総括するつもりで、この論稿を書きました。

そのなかでも、第三部第七篇第四八章の冒頭部分の叙述――「自由の国」と「必然性の国」との相互関係で未来社会の基本的な性格とその発展方向を説明した一文は、特別の重要性をもっていますが、この文章は、マルクスの経済学研究のなかで、ほとんど一世紀にわたって見落とされてきました（その事情は、「補篇：レーニン的未来社会論の克服」で解明）。

未来社会を、人間の「自由な発展」を特徴とする社会と意義づけることは、『共産党宣言』（一八四八年）以来、マルクス、エンゲルスの一貫した立場でしたが、この「自由」を労働時間の短縮と結びつけ、未来社会をすべての人間に「自由な時間」を保障する社会という内容で肉付けたのは、『五七〜五八年草稿』に始まって『資本論』にいたる草稿執筆の長い探究の過程のなかででした（この過程については、本書第二篇末尾の「（参考研究）マルクスの探究の歴史を見る」で、簡単な紹介をおこないました）。それだけに、「自由の国」と「必然性の国」の相互関係に象徴されるマルクスの未来社会論が、『資本論』第三部の公刊以後も、長くうずもれたままとなってきたことは、科学的社会主義の理論と運動の発展にとってたいへん不幸なことだったと、言わざるを得ません。

そういうことも含めて、未来社会論をマルクス自身の言葉で把握するための参考書として、本書を、活用していただければ、ありがたいと思います。なお、文中のマルクス、エンゲルスの引用について、不破の責任で、若干の調整をしている箇所があります。ご了承ください。

最後に、私ごとになりますが、今年二〇一九年は、私たち夫婦にとっては、婚約七〇年に当たる年となります。私が一九歳で大学に入学した最初の年、妻七加子は二〇歳で党の区委員会ではたらきはじめた年でした。当時は、何十年も先のことなど、とても考えられない二人でしたが、それ以来の七〇年間、曲折の時期を経ながらも、同じ政治的隊列にあって活動し協力しあってきたことを、なによりもうれしく思っています。

昨年、七加子が執筆した『道ひとすじ――不破哲三とともに生きる』（中央公論新社　二〇一二年）が、中国で、『無悔之路――与不破哲三共同生活』（中信出版集团）として翻訳出版されたのですが、この一月に、翻訳者の鄭萍さんから、この本に対する各方面の感想集（十数ページにわたる）が送られてきました。七加子や私の活動にたいする評価とあわせて、日本共産党の活動とその歴史を知って驚いた、感銘を受けた、という感想がたいへん多いのです。この書が、中国の読者のあいだで日本共産党への理解と共感を広げる一助となったかと、私たちにとってたいへんうれしいニュースでした。

共に過ごした年月をふりかえりながら、この年に世に出るこの書を、私たち夫婦の婚約七〇年の記念の書とすることに、読者の皆さんのご寛容を願うものです。

二〇一九年一月

不破　哲三

目次

第三篇　国家の死滅と過渡期 …… 114

補篇：レーニン的未来社会論の克服　159

『共産党宣言』と日本共産党の発展―― 209

――『共産党宣言』一七〇周年を記念する『中国社会科学報』への回答――

『資本論』のなかの未来社会論

第一篇　資本主義の「必然的没落」の法則性をつかむ

『資本論』は、その表題がしめすように、資本主義的生産様式の科学的研究を主題としたものですが、その内容は、資本主義社会を現在の断面で切り取って、その運動の法則を解明するというだけのものではありません。

資本主義を、人類社会発展の歴史的一段階としてとらえて、この社会が次の発展段階――社会主義・共産主義の社会――に交替する必然性を持っていることを科学的に証明する。

マルクスが『資本論』で追求した最大の主題は、まさにこの問題にありました。

この意味では、資本主義と交替する次の社会をどう展望するかという未来社会の問題は、『資本論』をつらぬく大きな主題であり、『資本論』全三部のなかで、さまざまな角度から語られています。その全体を紹介することによって、マルクスが展望した未来社会の姿を、マルクスの言葉であらためてつかみなおす、こういう姿勢で、『資本論』を中心に、マルクス自身の文章を包括的に読み進めてゆきたい、と思います。

（1）『資本論』における弁証法の核心
――「肯定的理解」と「必然的没落の理解」

マルクスが『資本論』第一部の初版を刊行したのは一八六七年ですが、その六年後の一八七三年、ドイツ語版の第二版を刊行しました。その際、かなり長文の「あと書き」を記したのですが、ここには、『資本論』の内容、とくにその方法論の理解にとって、たいへん重要な解明がふくまれていました。

この「あと書き」の中で、マルクスは、『資本論』にたいするロシアの一経済学者［★1］の論評を紹介しています。実は、『資本論』のロシア語訳は、その前年、一八七二年に刊行されたもので、ドイツ語以外への翻訳としては、最も早くおこなわれたものでした。しかも、発行部数三〇〇〇部、ドイツ語版は初版一〇〇〇部でしたから、当時としてはたいへん大規模な発行部数でした。そのロシア語版が、刊行して二カ月もたたないうちに早くも一〇〇〇部を売り上げたという報告［★2］がマルクスのところへきたようですから、最初から当のドイツ以上の反響を呼んだのでした。そういう中でのロシアの経済学界からの好意的な論評です。マルクスは喜んで、その内容を詳しく引用するのですが、それは、いま私たちが読んでも感服せざるをえないような、マルクスの経済学の方法論にたいする実にみごとな特徴づけでした。

★1　ロシアの一経済学者　カウフマン、イラリオン・イグナチェヴィッチ（一八四八～一九一六年）。カウフマンがロシア語版への評価で示した『資本論』への理解と評価は、たいへんすばらしいものだったのですが、彼自身の学問的労作には評価すべきものがなかったようです。マルクス自身、六年後に、カウフマンから銀行業関係の著書の贈呈を受け、内容に失望したことを、かなり辛口の言葉でロシア語版の訳者ダニエリソーンに伝えていました（一八七九年四月一〇日付の手紙　全集㉞三〇一ページ）。

★2　ロシア語版の売れゆき　マルクスは、このことをゾルゲへの手紙（一八七二年六月二一日付）で報告しています（古典選書『マルクス、エンゲルス書簡選集・中』一一八～一一九ページ、全集㉝三九九ページ）。なお、この手紙では、進歩的出版物への検閲がとりわけきびしい専制ロシアで、『資本論』の刊行がどうして許可されたのかについて、愉快な事情が特筆されています。

検閲委員会が、〝この本は「明確な社会主義的性格」を帯びているが、「叙述がけっしてだれにでも理解されるものとは言われえない」〟、こういう理由で、刊行許可を全員一致で決定した、というのです。

その後のロシアでのマルクス主義の急速な普及と革命運動の発展を考えると、検閲委員会のこの決定は、『資本論』の普及への絶大な貢献となったと言わなければならないでしょう。

マルクスは、評者がここで「私の現実的方法」と名づけて描き出しているのは、「弁証法的方法」そのものではないか、と感嘆の声を上げ、その内容を詳細に引用するとともに、続く記述のなかで、マルクス自身の弁証法的方法について、二つの重要な文章を書きつけました。

第一の文章は、自分の「研究の仕方」についての説明です。

「もちろん、叙述の仕方は、形式としては、研究の仕方と区別されなければならない。研究は、素材を詳細にわがものとし、素材のさまざまな発展諸形態を分析し、それらの発展諸形態の内的紐帯《ちゆうたい》をさぐり出さなければならない。この仕事を仕上げてのちに、はじめて、現実の運動をそれにふさわしく叙述することができる。これが成功して、素材の生命が観念的に反映されれば、まるである〝先験的な〟構成とかかわりあっているかのように、思われるかもしれない」(『資本論』新日本新書版①二七ページ)

この文章には、マルクスが多年にわたる『資本論』の研究と執筆を通じて会得した弁証法的方法の到達点、そしてその核心が的確に表現されている、と思います。マルクスが草稿執筆に最初に取りかかったときには、詳細な研究で素材を十分にわがものとするまえに、叙述の「弁証法的構成」を先行させて、それに素材をはめ込んでゆくという、ここでの記述とは逆方向の方法論が、たいへん強くはたらきました［★］。ただ、この問題を研究することは本稿の主題ではありませんから、これ以上の論究はせず、次の文章に進みたいと思います。

★逆方向の方法論　その例を一つだけ挙げておきますと、マルクスは草稿執筆の最初の段階では、素材を、「一般――特殊――個別」というヘーゲル〔＊〕流の三分法で整理し、最初の段階の研究対象を「資本一般」と規定して、この規定に合わない事柄は、すべて研究から排除するという方法論をとりました。これは、素材を十分にわがものとする前に「叙述の方法」を先行的に設定し、それに研究内容を従属させようとしたもので、マルクス自身、そこから脱却するまでに、多くの理論的苦闘を重ねたのでした。

＊　ヘーゲル（一七七〇～一八三一）ドイツの古典哲学を代表する哲学者。客観的観念論の立場で弁証法を本格的に展開した。

ここでとくに注目してほしいのは、弁証法についての第二の文章です。

マルクスは、自分の弁証法はヘーゲルのそれとは根本的に異なっており、むしろそれとは正反対のもので、ヘーゲルが神秘化し逆立ちさせたものをひっくりかえしてこそ、弁証法の合理的な核心をわがものとできるのだと述べた上で、『資本論』における弁証法を、次のように特徴づけます。

「その合理的な姿態では、弁証法は、ブルジョアジーやその空論的代弁者たちにとっては、忌《い》まわしいものであり、恐ろしいものである。なぜなら、この弁証法は、現存するものの肯定的理解のうちに、同時にまた、その否定、その必然的没落の理解を含み、どの生成した形態をも運動の流れのなかで、したがってまたその経過的な側面からとらえ、なにものによっても威圧されることなく、その本質上批判的であり革命的であるからである」（同前二九ページ）

この文章は、『資本論』の内容そのものの全体的特徴づけとして読むことができます。

「現存するもの」とは、『資本論』の研究対象である資本主義的生産様式のことで、その「肯定的理解」とは、この生産様式が人類社会の発展の一段階であって、次の段階を準備する歴史的役割をになっていることへの理解を指しています。そして、「必然的没落の理解」とは、資本主義的生産様式がその内的な矛盾から没落にむかい、次の社会――社会主義・共産主義の社会に交替する必然性をもっている、このことの理解です。ここにこういう形で明記されているように、資本主義的生産様式の科学的分析から、この社会の未来社会への交替の必然性を証明すること、ここに、『資本論』のもっとも重要な結論的内容の一つがあるのでした。

（2）「必然的没落の理解」のために
――「資本主義的蓄積の歴史的傾向」の節を読む

『資本論』第一部の結論的部分から

次に紹介するのは、『資本論』第一部での「資本の生産過程」の分析をほぼ終えた段階で、資本主義的生産の「肯定的理解」と「必然的没落の理解」をまとめて述べた総括的な文章です。

これは、『資本論』第一部の結論的な部分（第七篇「第二四章　いわゆる本源的蓄積」の最後、「第七節　資本主義的蓄積の歴史的傾向」）で、そこでは、資本主義的生産様式のこの二つの側面が、もっとも集約した形で表現されています。

マルクスは、この節の前半部分では、生産手段をだれが所有するかという問題に焦点をあてながら、資本主義成立の過程に分析の目を向けます。その過程で、生産者自身が生産手段を所有していた小経営が、資本家が生産手段を所有して労働者を搾取する資本主義的経営にとってかわられたのでした。

「自分の労働によって得た、いわば個々独立の労働個人とその労働諸条件との癒合《ゆごう》にもとづく私的所有は、他人の、しかし形式的には自由な労働の搾取にもとづく資本主義的私的所有によって駆逐される」（同前④一三〇四～一三〇五ページ）

この収奪のほこさきは、次の段階では、より小さな資本に向けられ、大資本による小資本の収奪が大規模におこなわれるようになります。

「こうした収奪は、資本主義的生産そのものの内在的諸法則の作用によって、諸資本の集中によって、なしとげられる。一人ずつの資本家が多くの資本家を打ち滅ぼす」（同前一三〇五ページ）

マルクスは、続く文章で、資本主義的生産様式の「肯定的理解」と「必然的没落の理解」を、『資本論』第一部でのそれまでの分析の総括ともいえる内容で、解明してゆきます。

まず「肯定的理解」の側面です。

「この集中、すなわち少数の資本家による多数の資本家の収奪と相ならんで、ますます増大する規模での労働過程の協業的形態、科学の意識的な技術的応用、土地の計画的利用、共同的にのみ使用されうる労働手段への労働手段の転化、結合された社会的な労働の生産手段としてのその使用によるすべての生産手段の節約、世界市場の網のなかへのすべての国民の編入、したがってまた資本主義体制の国際的性格が、発展する」（同前一三〇五～一三〇六ページ）

マルクスはここで、生産手段の発展におもな視点をおきながら、資本主義的生産様式の発展が、物質的生産力をいかに画期的に発展させるか、そのなかで、生産活動における労働者の共同関係やその物質的基盤がどのように成長発展するか、などなどの包括的な叙述をおこなっています。これは、資本主義が次の時代の物質的基盤を準備することの指摘であり、先に見た「あと書き」の文章での「肯定的理解」の中心的内容にほかなりません。

これに続くのが、「必然的没落」にいたる過程の記述です。

「この転化過程のいっさいの利益を横奪し独占する大資本家の数が絶えず減少していくにつれて、貧困、抑圧、隷属、堕落、搾取の総量は増大するが、しかしまた、絶えず膨張するところの、資本主義的生産過程そのものの機構によって訓練され結合され組織される労働者階級の反抗もまた増大する。資本独占は、それとともにまたそれのもとで開花したこの生産様式の桎《しっ》梏《こく》となる。生産手段の集中と労働の社会化とは、それらの資本主義的な外被とは調和しえなくなる一点に到達する。この外被は粉砕される。資本主義的私的所有の弔鐘《ちょうしょう》が鳴る。収奪者が収奪される」（同前一三〇六ページ）

ここでは、資本主義的生産様式の「必然的没落」の論理が、たいへん簡潔な文章で定式化されています。

この文章、とくに資本独占の「桎梏」化などの言葉を読むと、『経済学批判』の「序言」（一八五九年）での史的唯物論の有名な定式を思い浮かべる方もおいでだと思います。そこでもマルクスは、生産関係が生産諸力の発展の「桎梏」と化したとき、社会革命の時代が始まる、という説明をしていました［★］。

★『経済学批判』の「序言」での記述　そこでの記述は次の通りでした。

「社会の物質的生産諸力は、その発展のある段階で、それまでそれらがその内部で運動してきた既存の生産諸関係と、あるいはそれの法律的表現にすぎない所有諸関係と、矛盾するようになる。これらの諸関係は、生産諸力の発展の諸形態からその桎梏に一変する。そのときに社会革命の時期が始まる。経済的基礎が変化するにつれて、巨大な上部構造の全体が、徐々にせよ急激にせよ、くつがえる」（古典選書『「経済学批判」への序言・序説』一四ページ、全集⑬六～七ページ）

たしかにこの二つの文章には、生産関係の「桎梏」化という言い方には共通性がありますが、全体としての叙述の中身に大きな違いがあることを、見逃してはなりません。

「序言」での定式では、もっぱら生産力と生産関係の矛盾という経済関係の発展から社会革命の必然性を説明していました。そこでは、革命的階級の主体の問題が視野の外に置かれています。革命的階級が歴史の表舞台に出てくるのは、経済的矛盾の発展をもとに「社会革命の時期」が始まって以後のことだという想定でした。実際、当時のマルクスは、革命論の上でも、革命は恐慌とともに起こる、という「恐慌＝革命」説をとっていました［補注］。

しかし、『資本論』第一部の完成稿を書いた時点のマルクスは、「恐慌＝革命」説をすでに乗り越え、変革の主体となるべき労働者階級の成長・発展なしには、革命は起こりえないことを十分に理解し、自身が、国際労働者協会（インタナショナル）という労働者階級の国際運動の指導部に身をおいて活動していました。社会変革の時代は、経済的矛盾の深化発展だけでなく、労働者階級の革命的主体への成長・発展があってはじめて開かれる、こういう立場への理論的な前進をなしとげていたのです。

『資本論』のこの文章が、「貧困、抑圧、隷属、堕落、搾取の総量」の増大という、社会的な矛盾と危機の深刻化を指摘すると同時に、「資本主義的生産過程そのものの機構によって訓練され結合され組織される労働者階級の反抗」という変革の主体的条件の問題を太く書きこんだ意義は、そこにありました。

労働者階級の主体的条件の意義づけ

『資本論』のなかでの変革の論理を正確に読みこむためにも、マルクスの革命論の発展が、ここでこういう形で定式化されていることの意味を、第一部完成稿では、労働者階級の階級的発展そのものが三つの方面から追究されていること［★］と合わせて、よく読み取ってほしいと思います。

★　労働者階級の階級的発展の三つの方面　三つの方面とは、（一）労働者階級が自分とその階級の存続を守る階級闘争の必然性（「労働日」の章）、（二）労働者階級が新社会建設の主体に成長する必然性（「相対的剰余価値の生産」の篇）、（三）労働者階級が社会変革の闘士となる

必然性（「資本の蓄積過程」の篇の第二三章）を指します。
　不破の『マルクス「資本論」――発掘・追跡・探究』（二〇一五年、新日本出版社）の第三論文および『科学的社会主義の理論の発展』第四篇（二〇一五年、学習の友社）をご参照ください。

　マルクスが、『資本論』での研究の中で、労働者階級の闘争の意義について、変革の条件という角度からだけでなく、闘争の成果が直接、未来社会形成の準備をするという角度から、探究を進めていることは、注目すべき点です。

　マルクスは、イギリスの労働者が半世紀にわたる闘争で、一八五〇年に、労働日を抜け道なしに規制する「工場法」を獲得したことを、資本の無法・邪悪な攻撃からみずからの階級の存続をまもる「強力な社会的バリケード」の奪取と意義づけました（『資本論』第一部第三篇「第八章　労働日」②五二五ページ）。続く篇では、この工場法が経済の全領域に拡大する過程を分析して、「工場立法の一般化」が、「新しい社会」（すなわち、未来社会）の「形成要素」および「古い社会の変革契機」という二重の意義を持つことを、次のように強調しています。

　「工場立法の一般化は、生産過程の物質的諸条件および社会的結合とともに、生産過程の資本主義的形態の諸矛盾と諸敵対とを、それゆえ同時に、**新しい社会の形成要素と古い社会の変革契機とを成熟させる**」（同前第四篇「第一三章　機械と大工業」③八六四ページ。太字は不破）

これは、資本主義のもとでの労働者階級の闘争とその成果そのものが、未来社会につながる意義をもつことの重要な指摘でした。

第一部の結びの部分は、このあと、革命による生産手段の共有の実現にまで進みます。その内容は、次の通りですが、この問題については、より先の部分（本書五八ページ以下）で、内容を検討することにしましょう。

「資本主義的生産様式から生まれる資本主義的取得様式は、それゆえ資本主義的な私的所有は、自分の労働にもとづく個人的な私的所有の最初の否定である。しかし、資本主義的生産は、自然過程の必然性をもってそれ自身の否定を生み出す。これは否定の否定である。この否定は、私的所有を再建するわけではないが、しかし、資本主義時代の成果――すなわち、協業と、土地の共同占有ならびに労働そのものによって生産された生産手段の共同占有――を基礎とする個人的所有を再建する」（同前④一三〇六ページ）

……………

［補注］　一八五七年恐慌とマルクス、エンゲルス

マルクスが『経済学批判』の「序言」を執筆したのは、一八五九年ですが、その二年前の一八五七年九月、待望の恐慌がアメリカに起こり、一一月にはイギリスに波及しました。

当時は、マルクスは、ロンドンで、『資本論』に至る最初の草稿『五七〜五八年草稿』の執筆を開始したところであり、エンゲルスはマンチェスターで経営者一族の一人として取引所通いをしている最中です。そして、イギリスにもドイツにも革命運動の組織はもちろん、社会変革の切迫を示す兆候などは、どこにもありませんでした。

しかし、〝恐慌勃発〟の報に二人は〝革命近し〟と勇み立ち、いざ革命となったら出陣する気がまえになるのです。その様子は、当時二人が取りかわした手紙の文章に、よく表われています。

エンゲルスからマルクスへ（一八五七年一一月一五日）「当地の取引所の一般的な情勢は先週はまったく喜ばしいものだった。僕の突然の奇妙な上きげんに連中は恐ろしく腹を立てている。じっさい、取引所は、今の僕の無気力が弾力と反発とに変わる唯一の場所なのだ。おまけに僕はもちろんいつでもわるい予言をするので、それがロバたちを二重に怒らせるのだ。……

一八四八年に僕たちは、いよいよわれわれの時節がくる、と言った。そして、それはある意味ではきたのだ。だが、今度はそれが完全にやってくるのだ。今度は命がけだ。僕の軍事研究はこのおかげで、すぐにいっそう実際的なものになる」（古典選書『書簡選集・上』一〇八〜一一〇ページ、全集㉙一六八〜一六九、一七一ページ）

マルクスからエンゲルスへ（同年一二月八日）「僕は毎晩、夜を徹して、気が違ったように、経済学研究の取りまとめ〔『五七～五八年草稿』の執筆のこと――不破〕にかかっている。大洪水〔革命的危機のこと――不破〕の来るまえに、せめて要綱だけでもはっきりさせておこうと思ってね」（全集㉙一八一ページ）

しかし、この期待ははずれ、一八五七年恐慌は、ヨーロッパに期待した革命的変動をひきおこさないまま、終結を迎えたのでした。

……………………………

（3）「利潤第一主義」――発展から没落にいたる推進力

「利潤第一主義」とは？

資本主義的生産を、発展から没落へとおし進める運動の原動力、この歴史過程の推進力はどこにあるか？　それは、端的に言って、剰余価値の拡大への資本の限りない衝動です。

私たちはそのことを「利潤第一主義」と呼んでいます。正確に言えば、資本主義的生産過程で労働者から搾取される剰余価値は、流通を担当する商業資本が手にする「商業利潤」、資金の貸し付け元である銀行資本に支払う「利子」、工場用地などを所有する地主に支払う「地代」などに分割され差し引かれてゆきます。ですから、産業資本家が手に入れる「利潤」が剰余価値の総額ではないのですが、産業資本家は資本主義的搾取の直接の当事者ですし、彼らが手にする「産業利潤」が剰余価値のもっとも主要な部分を占めることは間違いありませんから、資本家を突き動かしている剰余価値の拡大への衝動を、「利潤第一主義」という言葉で表わしているのです。

原始共産主義の社会が崩壊して以後の人間社会は、奴隷制社会でも、封建制社会でも、支配者が生産者大衆を搾取し、できるだけ多くの富を得ようという衝動をもつことでは、すべて共通の性格を持っていました。

しかし、資本主義社会では、この衝動が、過去の搾取社会にくらべて特別に強烈なのです。それには、いくつかの理由があります。

第一に、追求する富の内容の違いです。奴隷制社会や封建制社会では、富はもっぱら使用価値の豊かさで表現されました。そこでは、支配者がどんなにりっぱな宮殿をつくり、ぜいたくな日常生活をしても、それにはおのずから限度があります。ところが、資本主義社会では、富は使用価値ではなく、価値で表現されますから、ここでは、富の追求に限度がないのです。そこから、剰余価値の無限の拡大への要求が、すべての資本の本来的な衝動となるのです。

第二に、資本主義社会は、資本家同士が、剰余価値の拡大を市場で競いあう自由競争の社会です。他の資本よりも、どうやってより大きな利潤をあげ、市場で地歩を守り広げるか、そこに資本の生死がかかります。ここまであからさまに搾取の度合いを競い合う搾取社会は、資本主義以前には、歴史に登場したことはありませんでした。

第三に、資本主義社会が、文明がかなり発展した段階で登場した搾取社会であり、そこを起点として、物質的生産諸力をさらに高度に発展させる舞台となった、ということです。資本主義の発展のなかで、マニュファクチュアが生まれ、機械制大工業へと発展し、そのなかですでに数次にわたる産業革命を経験してきました。物質的生産力のこの発展は、利潤第一主義、すなわち剰余価値の拡大への限りない要求をもとに推進されてきたもので、今なお、いっそう大きな規模と速度で進行し、利潤拡大競争をいわば無制限の激烈なものにしてゆくのです。

では、この利潤第一主義を、マルクスは『資本論』でどのように意義づけているか、いくつかの代表的な文章を紹介してゆきましょう。

「推進的動機」と「規定的目的」

最初の文章は、『資本論』第一部で、〝資本とは何か〟という問題を取り上げた最初のところにある文章です（第二篇第四章「貨幣の資本への転化」）。『資本論』では、利潤第一主義の指摘が、ここではじめて登場します。

「循環W―G―Wは、ある一つの商品の極から出発して別の一商品の極で終結するのであって、このあとの商品は流通から出て消費にゆだねられる。それゆえ、消費、欲求の充足、一言で言えば使用価値が、この循環の究極目的である。これに反して、循環G—W—Gは、貨幣の極から出発して、最後に同じ極に帰ってくる。それゆえ、この循環を推進する動機とそれを規定する目的とは、交換価値そのものである」（『資本論』②二五五ページ）

すこし解説をくわえますと、Wは商品を、Gは貨幣を表現しています。最初の循環の表式W—G—Wは、市場での商品交換の表式で、そこでは、交換者は、まず市場で自分がもっている商品（W）を販売して貨幣（G）を手にいれ、その貨幣で自分がほしい商品（W）を購入し、それで循環は終わります。あとは、交換者が、自分の欲求に応じて手に入れた商品（使用価値）を消費することだけです。つまり、この循環の究極目的は、交換者が求める使用価値を手に入れて、これを消費することにあったのです。そして、この交換では、二つの交換のどちらでも、価値の変動はありません。

第二の循環の表式G—W—Gは、資本の循環を表現した表式です。最初の段階では、資本が貨幣Gを市場に投入してある商品を手にいれます。次の段階では、商品を投入してふたたび貨幣を手に入れます。ここでも、二つの交換のどちらでも、価値の変動はないはずです。ところが、資本の場合には、最初の交換で投入したGと、第二の交換で手元に帰ってきたGとが、同じ価値量では困るのです。第一の循環の場合には、交換者が交換行為に入る目的は、使用価値でした。ところが、第二の循環での交換者・資本家の場合には、交換行為に入る目的は、交換価値、もっと具体的にいえば、交換価値を増殖することだったからです。なぜ、そうした増殖が可能になるのか。その秘密を解くことから、資本主義的搾取の解明が始まってゆきます。

私が、ここでこの文章をとくに紹介したのは、マルクスの搾取論の解説をはじめるためではありません。それが、利潤第一主義の批判の最初の舞台となったからです。すなわち、引用した文章の最後の一文です。

「この循環を**推進する動機**とそれを**規定する目的**とは、交換価値そのものである」(同前、太字は不破)

「推進的動機」、「規定的目的」という言葉で、資本主義的生産の利潤第一主義を表現するのは、マルクスのお得意の表現で、『資本論』を読み進んでゆくと、あちこちでお目にかかるはずです。それが最初に登場したのがいま見てきたこの文章でした。

いまの文章の少し先には、同じ用語を使って、さらにたちいった利潤第一主義の批判が展開されます。

「この運動の意識的な担い手として、貨幣所有者は資本家になる。彼の人格、またはむしろ彼のポケットは、貨幣の出発点であり帰着点である。あの流通〔G―W―G〕の客観的内容――価値の増殖――は彼の主観的目的である。そして、ただ抽象的富をますます多く取得することが彼の操作の**唯一の推進的動機**である限りでのみ、彼は資本家として、または人格化された――意志と意識とを与えられた――資本として、機能するのである。それゆえ、使用価値は、決して資本家の直接的目的として取り扱われるべきではない。……この絶対的な致富衝動、この熱情的な価値の追求は、資本家と貨幣蓄蔵者とに共通であるが、しかし、貨幣蓄蔵者

は狂気の沙汰の資本家でしかないのに、資本家は合理的な貨幣蓄蔵者である」（同前二六〇～二六一ページ、太字は不破）

ここで、資本家の直接的な目的が使用価値ではなく、もっぱら貨幣の蓄積を熱情的に追求する「絶対的な致富衝動」だとしているところに注目してください。マルクスはここで、過去の搾取社会の支配者たちとは違う資本家の致富衝動の独特の性格を指摘しているのです。

搾取強化の衝動をおさえるには「社会による強制」が必要だ

次の文章に進みましょう。

「〝大洪水よ、わが亡きあとに来たれ！〟［★］これがすべての資本家およびすべての資本家国家のスローガンである。それゆえ、資本は、社会によって強制されるのでなければ、労働者の健康と寿命にたいし、なんらの顧慮も払わない。肉体的、精神的萎縮《いしゅく》、早死、過度労働の拷問にかんする苦情に答えて資本は言う――われらが楽しみ（利潤）を増すがゆえに、われら、かの艱苦《かんく》に悩むべきなのか？　と。しかし、全体として見れば、このこともまた、個々の資本家の善意または悪意に依存するものではない。自由競争は、資本主義的生産の内在的な諸法則を、個々の資本家にたいして外的な強制法則として通させるのである」（第一部第三篇「第八章　労働日」②四六四ページ）

★〝大洪水よ、わが亡きあとに来たれ！〟　フランス革命に先行する時期に、国王ルイ一五世の愛人ポンパドゥール夫人が、彼女の乱費で王室財政が破綻《はたん》するという忠告を受けたときに、それに答えた言葉。「大洪水」とは、旧約聖書『創生記』に出てくるノアの洪水伝説のことで、〝私が死んだあとでどんな大洪水（財政破綻）が来ようと、知ったことではないわ〟という意味でしょう。

これは、利潤第一主義が、労働者に対する過酷な搾取の源泉になることを、痛烈に批判した文章です。労働時間の延長による搾取強化の問題を取り上げた「労働日」の章の一節ですから、直接的には、過酷な長時間労働が問題にされていますが、この批判は、これから分析されてゆく労働者に対する搾取の全領域に当てはまるものです。

そして、ここでは、過酷な搾取へのこの衝動が、すべての資本家をとらえる資本主義世界の強制法則であるという指摘が重要です。そこから、この衝動を抑える力は「社会による強制」が必要だという結論がひきだされるのです［★］。

★「社会による強制」の具体化　本書の前の章（２）で簡潔にふれたことですが、マルクスは、「労働日」の最後の部分で、労働者が、階級として、資本のあくない搾取から「自分たちとその同族」の存続をまもる国法（＝「社会的バリケード」）をかちとる闘争に立ち上がることを、強く呼びかけています。これは、いまの文章で指摘した「社会による強制」の実現を、労働者自身の実践的任務として具体化したものです。

「自分たちを悩ます蛇にたいする『防衛』のために、労働者たちは結集し、階級として一つの国法を、資本との自由意志による契約によって自分たちとその同族とを売って死と奴隷状態とにおとしいれることを彼らみずから阻止する強力な社会的バリケードを、奪取しなければならない」(同前五二五ページ)

ここで、「自分たちを悩ます蛇」というのは、マルクスの友人ハインリヒ・ハイネの詩からとった言葉で、その「蛇」を、資本家の貪欲な搾取の象徴としたのです。

未来社会の物質的諸条件の創造

最後に紹介したいのは、「第七篇　資本の蓄積」のなかの次の文章です。

「資本家は、人格化された資本である限りにおいてのみ、一つの歴史的価値をもち、また、機知に富んだリヒノフスキ［★］が言うように、いかなる日付もないではないあの歴史的存在権をもつ。その限りでのみ、彼自身の過渡的な必然性が、資本主義的生産様式の過渡的な必然性のうちに含まれる。しかし、その限りではまた、使用価値と享受ではなく、交換価値とその増殖とが、彼の推進的動機である。価値増殖の狂信者として、彼は容赦なく人類を強制して、生産のために生産させ、それゆえ社会的生産諸力を発展させ、そしてまた各個人の完全で自由な発展を基本原理とする、より高度な社会形態の唯一の現実的土台となりうる物質的生産諸条件を創造させる」（第一部第七篇「第二二章　剰余価値の資本への転化」④一〇一五〜一〇一六ページ、太字は不破）

★リヒノフスキ　この一節のもとは、一八四八年のドイツ革命の際、フランクフルトの国民議会で起きた一事件にありました。プロイセンの反動的将校のリヒノフスキが、ポーランドが独立の歴史的権利を持つことを否定するために、〝歴史的権利には日付がない〟と言おうとしたが、文法にかなった言い回しができず、四回も言い方を換えて天下に恥をさらした事件です。おそらく二〇年後のドイツでも、リヒノフスキと言えば、だれでもこのことを思い出すぐらい、長く記憶された愉快なエピソードだったのでしょう。本文に関係はありませんから、この部分は読みとばしてください。

これも、利潤第一主義という「推進的動機」による資本主義的生産の運動とその結果を論じた代表的な文章の一つです。ここでは、この「推進的動機」に突き動かされて、資本家たちが、いやおうなしに物質的生産諸力を発展させ、未来社会の土台となるべき物質的生産諸条件の創造にとりくまされている、という指摘に注目してほしいと思います。「各個人の完全で自由な発展を基本原理とする、より高度な社会形態」というのは、言うまでもなく、未来社会、すなわち社会主義・共産主義の社会のことです。

（4）二一世紀の資本主義は危機的な時代を迎えている

『資本論』第一部が刊行されたのは一八六七年、私たちが生きているのは、それから一五〇年あまりたった現在です。

二一世紀の現代資本主義は、どのような様相を示しているでしょうか。マルクスが、資本主義の没落を必然のものとすると分析した利潤第一主義の害悪は、一五〇年にわたる社会的変化の中で、克服されたでしょうか。そして、資本主義は、マルクスが予告した「必然的没落」の運命を回避する新しい道をみいだしたでしょうか。

答えは、〝否《いな》〟です。

二一世紀の資本主義は、利潤第一主義の害悪を乗り越えるどころか、マルクスの時代には予想もされなかったような新しい矛盾や困難をもかかえ、長期的に見てきわめて深刻な危機的な状況にあることを、指摘しなければなりません。

未来社会論の本論に入るまえに、今日の世界で重大な意義を持ついくつかの問題を取り上げて、二一世紀の現代資本主義が解決をせまられている危機の諸様相を見てゆきたいと思います。

社会的格差の途方もない拡大

まず、資本主義がうみだす社会的格差の問題です。

マルクスは、『資本論』第一部で、工場など直接的な生産過程の内部における搾取の実態の詳細な分析を進めますが、最後の第七篇では、視野を社会全体にひろげた特別の一章をもうけました。そしてそこで、資本主義的蓄積のもとでは、「現役労働者軍」を広大な規模の「産業予備軍」が取り囲むという独特の人口構造（相対的過剰人口）が生まれることを明らかにしました。こうしてつくり出された社会状況が、社会全体の規模での経済的格差の拡大、すなわち、一方の極（資本家階級）では富の蓄積が、他方、その対極（労働者階級）の側では、「貧困、労働苦、奴隷状態、無知、野蛮化、および道徳的堕落の蓄積」という社会の二極分化を必然的に生み出し、拡大するのです（④一一〇八ページ）。

マルクスは、続く部分で、「一八四六～六六年のイギリス」を例にとって、この分析を統計的に実証し、格差の途方もない拡大を嘆くイギリスの政治家グラッドストンの言葉（一八四三年二月）を引用します。

「人民の消費力が減退し、労働者階級の窮乏と貧困とが増加しているのに、それと同時に上層階級における富の不断の蓄積と資本の不断の増大とが行なわれているということは、この国

の社会状態のもっとも憂鬱《ゆうつ》な特徴の一つである」（同前一一一八ページ）［★］

★　グラッドストン、ウィリアム・ユアート（一八〇九～九八年）　イギリスの政治家。この言葉は、彼が下院議員だった時代に、議会演説でのべたものでした。彼はその後、蔵相となり、一八六八年以後は首相を何度もつとめました。『資本論』では、さきの言明の二〇年後、蔵相時代に、貧富の格差のいっそうの拡大を嘆いた彼の予算演説（一八六三年四月）も紹介されています。（同前一一一九ページ）

現代の資本主義のもとでは、社会的格差の拡大は、グラッドストンが聞いたら、「憂鬱」どころか、失神してしまうだろうほどの、いわば天文学的な規模にまで拡大しています。

富と貧困の格差の問題について、系統的な調査にあたっているオックスファム［★］という国際民間団体があります。

★　オックスファム　第二次大戦中の一九四二年、イギリスのオックスフォードで設立され、貧困の克服を目標に、現在、世界の九〇カ国以上で活動している国際協力団体です。

この団体は、毎年一月に、前年度の調査結果を公表するのですが、（二〇一八年）一月に発表された二〇一八年版報告書『資産ではなく労働に報酬を』の内容は、次のようなものでした。

「最新報告書では、昨年、世界で新たに生み出された富の八二％を世界の最も豊かな一％が手にしたことが明らかになりました。一方で、世界の貧しい半分の三七億人が手にした富の割合は一％未満でした」

世界の人口は約七四億人ですから、「最も豊かな一％」の富裕層の数は約七四〇〇万人です。この七四〇〇万人が世界の富の八二％を手にし、三七億人の貧困層が一％にも満たない富を分配しあい、「最低限の生活水準を維持することのできないレベルの賃金で厳しい生活を余儀なくされている」というのです。そのあいだの格差は、なんと四一〇〇倍をこえます。この途方もない格差が、世界の現実なのです。

報告書は、貧富のこの格差が年々拡大する傾向にあることを指摘し、その原因についてもリアルな分析をおこない、社会格差の拡大が女性差別とも結びついていることを指摘します。

「世界の億万長者の資産は、二〇一〇年以降、毎年平均して一三％増加しています。一方で、一般的な労働者の賃金収入は、毎年平均して二％しか増加していません。また、億万長者の数は、一年（二〇一六年三月～二〇一七年三月）で二日に一人と、これまでにない水準で増えています」

「株主や経営層の報酬が増加する一方で、労働者の賃金水準や労働環境は改善していません。その具体的な要因は、労働者の権利保護の衰退、大企業による国の政策決定への過剰な影響力と関与、そして株主利益最大化のために追求される企業の容赦ないコスト削減です。

女性労働者はその中でも苦しい立場に立たされていることが多い存在です。世界各地において女性は男性より賃金水準が低いばかりか、賃金が低く、雇用の不安定な職場ほど女性が多い傾向があります。一方で、億万長者の一〇人中九人は男性です」

ここには、二一世紀を迎えた資本主義の危機的な現実が、動かしがたい数字で示されているではありませんか。利潤第一主義がひきおこし拡大してきた社会的格差の拡大は、人間社会にとって危機的な状況を、世界的規模で、またこれほどの深刻さでひきおこしているのです。

原発問題——人類社会への社会的責任の放棄

次に原発の問題です。

第二次大戦後の世界で、原子力発電が安全性の問題や本当のコスト問題などの本格的な検討もなしに、安易に広がったのも、利潤第一主義の害悪の典型的な現われの一つだと言わなければなりません。なかでも、被爆国である日本を、四二基の原発が立ち並ぶ世界第三の原発国家［★］に変えてしまったのは、その害悪の最大のもので、それを推進してきた日本政府と電力業界の責任は、徹底的に追及されるべきでしょう。

★　世界の原発数と国別順位　二〇一八年一月時点での世界の原発総数は四四三基、国別の順位を見ると、一位・アメリカ九九基、二位・フランス五八基、三位・日本四二基です。国土面積の小さい島国の日本に、世界の原発の一〇%が集中しているのです。

原子核の分裂・融合の際に起こる核エネルギーの発見（一九三八年）は、人類史上の一大事件でした。不幸なことは、この核エネルギーの利用が、もっぱら戦争のための軍事利用という目的で始まったことです。最初は原子爆弾の研究・開発がヒトラー・ドイツ、次いでアメリカで始まり、この競争で勝利を収めたアメリカは、一九四五年八月、広島・長崎の巨大な惨害をうみだしました。これは、反ファシズム世界戦争の大義を傷つける人類史的な暴挙でした。

戦後、アメリカは、それにくわえて核エネルギーの軍事利用の新しい道の開発に進みました。核物質を燃料として燃やして、画期的な航続力をもつ潜水艦をつくろうという研究です。この研究が超スピードで成功をおさめ、一九五四年には原子炉（動力炉）を動力とする最初の戦闘艦、原子力潜水艦第一号のノーチラス号が完成し、活動を始めました。

ここから、利潤第一主義の活動が始まりました。これを民間用に転用すれば、安いコストで大量の電力をつくりだせるという思惑で、アメリカの電力業界がそれに飛びついたのです。しかし、軍部の手による原子炉の開発は、もともと戦争用の開発ですから、安全などは二の次、三の次でした。またコストが安いと言っても、計算されているのは、当面のいわば運転コストだけで、原発が吐き出す大量の放射性廃棄物の処理の問題などは、まったく頭の外においた話でした。

こうして、人間社会の運命にかかわるこれらの問題に目をつぶったまま、アメリカの電力業界が、軍艦用の「動力炉」を転用して原子力発電を開始し、それがすぐ日本の電力業界に持ち込まれたのでした。アメリカの場合でも日本の場合でも、民間への転用に当たって、安全性の検証や、後処理・後始末までふくめたコスト計算などを、本格的にはやらないまま、利潤第一主義に突き動かされてこの転用を強行してしまったのです。

日本自身が福島原発の大災害を経験したいまでも、日本の政府と電力業界は、原子力発電の継続に固執しています。これはまったく道理の立たない無謀きわまる政策です。

自民党政府と日本財界はいまでもこの原子力発電にしがみついていますが、それは、国民にとっても日本経済にとっても、その将来を脅かす何重もの危険をはらんでいるのです。

（一）第一は、原発大災害の危険です。

世界はすでに、アメリカのスリーマイル島事故（一九七九年）、旧ソ連のチェルノブイリ（一九八六年）、日本の福島原発事故（二〇一一年）と、三度にわたる原発大災害を経験してきました。なかでも、福島の原発事故は三つの原子炉が爆発し溶融するという史上初の大規模災害でした。七年たったいまでも、爆発した原発内部の実情の調査さえ、序の口についたかつかないかという段階にあり、炉底に沈んだ溶融核燃料を取り出すことなどは、まったく何の見通しもついていません。

日本のように地殻や気候の変動の激しい列島では、どの地域の原発であろうと、こうした大災害を引き起こす可能性を必ずはらんでいるのです。

（二）第二は、原発が生み出す使用済み核燃料を処理する有効な方式が見いだせず、この面だけから言っても、日本の原発がすでに存続不能の状態に陥っていることです。

政府の原発推進政策には、この点で、最初から「トイレなきマンション」づくりという批判が浴びせられてきました。これに対して、政府はいつも、〝使用済み核燃料を処理する「核燃料サイクル」をつくるから心配ない〟とこたえてきました。しかし、実態はどうか。何十年たっても日本国内での再処理施設の建設が進まず、ごく一部をヨーロッパに送って、イギリスやフランスに再処理をお願いしている始末です。

いま、使用済み核燃料は、それぞれの原発が特別のプールをつくって、そこに貯蔵していますが、そのプールにはすでに一万八〇〇〇トンの使用済み核燃料が収容されており、すでに満杯状態に近づいている原発も各地に現われている始末です。

問題はそれだけではありません。再処理された核燃料は、体積こそ大幅に縮小しますが、放射能はそのままですから、人間が近寄ったらただちに生命を落とすほど、猛烈な危険性をもった放射能の塊（高レベル放射性廃棄物）になります。そしてこの放射能が人間に危険を及ぼさない程度に減衰するまでには数万年から一〇万年かかると言いますから、この処分は簡単なことではないのです。

いま一番有力な方法といわれているのは、「地層処分」といって、地下数百メートルのところに貯蔵室をつくってそこに閉じ込める方法ですが、地球は、誕生以来、地殻レベルの巨大な変動を続けてきた惑星です。比較的地殻が安定しているとされるヨーロッパでも、万年といったスケールで、地下の貯蔵室の安全を誰が保証できるのでしょうか。

とくに日本のような、四つの大陸プレートが重なり合う独特の地帯を基盤とする火山・地震列島で、数万年もの試練にたえる適地を見つけるというのは、まったく不可能だと言うべきでしょう。

(三) 第三は、原子力発電の継続は、国民の莫大な経済的負担なしにはなりたたないことです。電力業界は、原子力発電の開始に当たって、電力コストが安いことをうたい文句の一つにしましたが、これはまったくのごまかしでした。

そのさい、コスト計算の費用にくみいれたのは、発電機能にかかわる直接の経費が主で、災害が起きた場合の損害補償や被害を受けた地域の復旧の費用などは、計算の外においていました。実際、福島の原発事故の場合にも、当事者の東京電力は、損害補償の一部を負担しただけで、あとは国がやるのが当然だという態度をとっています。国が負担するというのは、結局、経済的負担を国民の税金でまかなえということ。こんな無法な態度を平然ととっている産業界は、電力業界以外にはありません。失敗した「核燃料サイクル」の中核、〝もんじゅ〟の後始末も全額公費で、国民の負担に転嫁されます。

さらに、日本ではまだ実現からほど遠い状態にありますが、核燃料廃棄物の再処理にくわえて、最終の産物である高レベル放射性廃棄物の「地層処分」のコストまで計算に入れるとすれば(現在ではまったく計算不可能ですが)、その建設および数万年におよぶ管理のコストは、おそらく天文学的な数字になるでしょう。

現在の原子力発電は、これらの巨大な費用はすべて社会が負担することを前提にして、なりたっているのです。

史上空前の災害をひきおこし、回復しがたい被害を福島県をはじめ各地の住民にあたえながら、原子力発電の継続にともなう費用の大きな部分を社会、すなわち国民に転嫁し、原子力災害の危険に目をつぶって、各地の原発の再稼働を急ぐ日本の電力業界、またそれと一体化した日本政府の態度は、利潤第一主義の害悪の、現代日本における最も象徴的な現われだといっても、けっして言いすぎではないでしょう。

「利潤第一主義」がうみだした地球温暖化の危機

いま人間社会を襲っている最大の危機は、地球温暖化の危機です。その影響はいますでに気候の大変動として現われています。二〇一八年七月に西日本を襲った史上空前の広域豪雨も、進行する地球温暖化が予想を超える巨大災害をひき起こすことを、まざまざと示したものでした。この危機がこのまま進めば、地球上での人類の生存が不可能になる、こういう深刻な事態がいま進行しているのです。

温暖化というこの事実が確認されたのは、三〇年ほど前でした。その後の調査で、地球大気の温度は一八六〇年頃を転機にして上昇傾向に転じ、その上昇が二一世紀に入ってもずっと続いていることが確認されています。いままでの上昇はほぼ一度程度ですが、それだけでも、すでに気候のたいへんな異常変動を地球全体の規模でひきおこしています。

問題は、地球大気の変質にありました。

私たちは、大気のもとでの生活を当たり前のこととしています。しかし、実は地球大気は、そのことを可能にする特別の条件をもっているのです。それは、地球の大気の中の二酸化炭素が〇・〇四%と、ごくわずかな量だということです。二酸化炭素は、地球に降り注ぐ太陽熱を外へ発散させないで、内にこもらせるという作用（温室効果）をもっているため、大気中のその量が増えると、大気の温度は上がってきます。

温暖化の原因はなにか。それもすぐつきとめられました。地球大気のなかで二酸化炭素の濃度が増え続けていたのです。そのために、地球大気の温度上昇が始まったのでした。これは、地球という惑星の、誕生以来の歴史を逆転させる大事件でした。

地球が四六億年前に誕生した時には、大気は二酸化炭素を主成分とした原始大気でしたから、地球表面は猛烈な高熱状態で、とても生命が存在できる条件はありませんでした。その大気の構成に、三五億年前、海中での生命の誕生とともに転機が起こりました。「植物の光合成《こうごうせい》」と呼ばれる若い生命体の作用――二酸化炭素を吸収して酸素を吐き出す――のおかげで、地球大気の構成が次第に変わり、四億年前ごろには、二酸化炭素を主役としていた初期の状態から、窒素と酸素が主役となる現在の状態に到達しました。そこで初めて、生命体の地上への上陸が実現し、さまざまな生命体が地上で活動し、やがては人類とその社会をうみだす新たな地球史に道を開くことができたのでした。

私は、四億年ものあいだ、地上での生命体の進化をささえ、人類の誕生と進化を守ってきた地球大気を「生命維持装置」と呼んでいます。この「生命維持装置」に一八六〇年頃を転機として変化が起き、大気中の二酸化炭素の増大という危険な過程が始まったのです。

なにが、この危険な転換をひきおこしたのか。答えは明らかでした。最大限の利潤を求めて、時には「大量生産、大量消費、大量廃棄」をスローガンに、ひたすら生産の拡大を追求してきた資本主義の産業活動が、地球史が四億年もの時間をかけてつくりあげてきた「生命維持装置」を破壊し始めたのです。

問題は、この産業活動が、もっぱら石油と石炭の燃焼をエネルギー源としておこなわれ、大量の二酸化炭素を大気中に吐き出すことです。次の表を見てください。地球温暖化の転換点となった一八六〇年といえば、『資本論』の刊行とほぼ同じ時代ですが、この時代と約一五〇年後の現代との、人間社会の二酸化炭素排出量を比較した表です。

	人口	二酸化炭素排出量	同一人当たり
一八六〇年代	13億人	4・8億トン	0・37トン
二〇一四年	72億人	361・4億トン	5・02トン
倍率	4倍	75・3倍	13・6倍

資本主義のもとで、社会がこの危険に気づくこと自体がおそかったのですが、対応策はさらにおくれました。

国際連合での最初の本格的討議が一九九七年の京都会議でした。それから一八年を経てようやく二〇一五年に、「地球温暖化」防止の目標と義務を定めた「パリ協定」が締結されました。しかし、エネルギー消費の増大はその後も依然として続いています。世界最高の二酸化炭素排出国（国民一人当たり排出量で）であるアメリカで、トランプ大統領が、「地球温暖化」などはマスコミがつくり出した〝フェイク・ニュース（虚偽報道）〟だと称して、「パリ協定」からの脱退を宣言する始末です。

「地球温暖化」の脅威は地球の全地域で、その危険な姿をますますむき出しにしつつあります。

日本でも、洪水をともなう台風と豪雨が季節を無視して各地を襲い、〝過去に記録がなかった大災害〟といった報道が各地でくりかえされています。

この問題に取り組む国際機関ＩＰＣＣ（気候変動に関する政府間パネル）は、第五次報告書（二〇一四年）で、二一世紀初頭から同世紀末までの気温上昇を、二酸化炭素の排出量がもっとも少なく抑えられた場合にでも〇・三～一・七度、最悪の場合には最大四・八度の上昇とする予測を発表しましたが、事態は最悪の予想に近い勢いで進行していると見るべきでしょう。

「地球温暖化」はまさに資本主義そのものがひきおこした人類社会の危機です。この危機を解決する力を発揮できるかどうか、それは、資本主義社会が二一世紀に生き残る資格があるかどうかが問われる問題だということを、声を大にして言わなければなりません。

以上、三つの問題点をあげましたが、「必然的没落」の論理は、マルクスの時代以上の深刻さと強烈さをもって、二一世紀の資本主義の前途を照らし出しています。私たちは、まさに、未来社会の足音が聞こえる時代に来ているのです。

第二篇　「生産手段の社会化」でどんな社会が生まれるか

「未来の革命の行動綱領の空想的な先取りは現代の闘争をそらす」

ここから、いよいよ未来社会論の本論にはいりますが、その中身にはいる前に紹介しておきたいマルクスの一つの手紙があります。それは、一八八一年二月、マルクスの晩年にあたりますが、オランダの社会主義者ニーウェンホイス［★］にあてた手紙です。

★　ニーウェンホイス、フェルディナンド・ドメラ（一八四六〜一九一九）　当時、オランダの社会民主同盟に属していた社会主義者。のちにオランダの社会民主労働党の創立者の一人となりましたが、一八九〇年代以降、無政府主義に転向しました。

その頃、ベルギーの社会主義者たちが発議して、社会主義世界大会を開く計画が進んでいました。この世界大会は、結局、その年の一〇月にスイスのクールで一二カ国の代表の参加のもとに開かれましたが、ニーウェンホイスは、この大会の議題として、次の問題を提案する予定でいました。

「社会主義者が権力をにぎった場合、社会主義の勝利を確保するために、政治と経済の領域で、どんな立法措置をとるべきか？」

そして、その準備のために、この問題についての見解をマルクスに求めてきたのです。

マルクスは、それにたいして、八一年二月二二日、丁寧な回答を送りました。その内容は、私たちがマルクスの未来社会論を読みとるうえでも、大切な教訓をふくんでいると思います。そういう意味で、この篇の冒頭に、その手紙を紹介することにしました。

マルクスはまず、将来つくり上げるべき社会体制の具体的諸問題を議論しようとする計画そのものについて、異論をとなえます。

「あなたが私に知らせてくださった、きたるべきチューリッヒ大会の『問題』は、問題の立て方そのものが間違っているように私には思えます。将来の特定の与えられた瞬間に何をするべきか、直接的に何をするべきか、ということはもちろん、行動がとられる、与えられた歴史的な状況に完全に依存します。しかし、例の問題は、霧の国の中［★］に立てられており、したがって実際には、空想問題を立てているということなのであって、そうであるからには、唯一の答えは問題そのものの批判だということになります。方程式のデータの中にその解の要素を含んでいない場合には、その方程式を解くことはできないのです。……未来の革命の行動綱領の教条的な、また必然的に空想的な先取りは現代の闘争をそらすだけなのです。……支配的な社会秩序が私たちの目の前で不可避的にたえず崩れつつあることに関する科学的な洞察、しかも旧支配者の亡霊によってさえ激しく痛めつけられてますます憤る大衆、同時に巨人のように前進する生産手段の目に見える発展――これは、現実のプロレタリア革命勃発の瞬間には彼らの（たしかに牧歌的ではないとしても）直接的な、最も手近な活動様式の諸条件も与えられているだろうということを十分に保証しているのです」（古典選書『マルクス、エンゲルス書簡選集・中』二一九・二二〇ページ、全集㉟一三一・一三二ページ）

★　霧の国の中　不確定な状況を前提として、という意味。

この言葉は、マルクスの未来社会論を研究する者への、たいへん重要な示唆をあたえるものだと思います。そこには、資本主義社会そのものの研究やそこでの運動への真剣な取り組みなしに未来社会の〝青写真づくり〟に熱中する若い後輩たちへの忠告だけではなく、未来社会の研究に当たってのマルクス自身の姿勢が表現されているからです。

実際、これから紹介する、『資本論』などでのマルクスの言及は、未来社会についてたいへん多面的に語ったものですが、そのすべてが、未来社会のあり方や発展の基本方向を究明したもので、机の上の〝青写真づくり〟とは、まったく無縁のものでした。そのことを頭において、本論に入ってゆきたいと思います。

第一章　未来社会の全体像

（1）『資本論』冒頭での未来社会論の登場

いよいよ、本論です。

主題は「『資本論』のなかの未来社会論」ですが、『資本論』で最初に未来社会が登場するのはどこだと思いますか。

驚いたことに、まだ資本主義社会の研究に入る前、第一部第一篇「第一章　商品」のところに、それも簡単な言及ではなく、未来社会の全体像そのものの記述が、明確な筆致で出てくるのです。

マルクスは、商品生産社会が社会一般の姿ではなく、歴史の一段階に登場する社会形態の一つに過ぎないことを示すために、この社会を、まずロビンソン物語における孤島でのロビンソンの生活形態と対比し、ついで中世ヨーロッパの農村社会と対比させたあと、最後に、対比の対象として、未来社会を登場させます。次にその部分を紹介しますが、簡潔な文章で、未来社会の全体像がみごとに描きだされています。

「最後に、目先を変えるために、共同的生産手段で労働し自分たちの多くの個人的労働力を自覚的に一つの社会的労働力として支出する自由な人々の連合体《アソツイアツイオーン》を考えてみよう。……この連合体の総生産物は一つの社会的生産物である。この生産物の一部分は、ふたたび生産手段として役立つ。この部分は依然として社会的なものである。しかし、もう一つの部分は、生活手段として、連合体の成員によって消費される。この部分は、だから、彼らのあいだで分配されなければならない。この分配の仕方は、社会的生産有機体そのものの特殊な種類と、これに照応する生産者たちの歴史的発展程度とに応じて、変化するであろう。もっぱら商品生産と対比するだけのために、各生産者たちの生活手段の分け前は、彼の労働時間によって規定されるものと前提しよう」（第一部　第一篇「第一章　商品」①一三三ページ）

自由な人々の連合体

ここではまず、未来社会を「自由な人々の連合体」と性格づけています。マルクスが未来社会を語るときには、初期の『共産党宣言』をはじめとして、必ずと言ってよいほど、「自由」の言葉が強調されます。そこには、搾取からの解放、政治的抑圧からの解放はもちろんですが、同時に、人間が自分の時間の主人公となること、つまり「自由な」時間をもつことが、重要な内容としてふくまれていますが［★］。この問題はあとで詳しい解明をおこないますが（本書七五～七七、九九～一一三ページ）、ここでは、未来社会の主体は「自由な人間」なのだ、ということを、しっかり頭にいれてください。ソ連その他の経験から、「社会主義」・「共産主義」とは、自由のない専制体制の代名詞だと思い込む誤解がまだ世間に多くあるのが実情ですから。

★「万人の自由な発展」 エンゲルスが、晩年、イタリアの社会主義者カネパから、一通の手紙を受け取りました。それは、イタリアの詩人ダンテ（一二六五～一三二一）が、旧時代を特徴づける標語として「一方が支配し、他方が苦しむ」という言葉をあげたことを示したうえで、「きたるべき社会主義時代の理念を簡潔に表現する標語を」と求める手紙でした。この要望にたいして、エンゲルスは次のように回答したのでした。

「私は、近代の社会主義者のなかで偉大なフィレンツェ人［ダンテのこと――不破］と対をなすことができるように思えるただひとりの人であるマルクスの著作のなかに、あなたが所望されているような標語を見つけだそうとしました。しかし、私が見つけることができたのは、『共産党宣言』に述べられている次の一節だけでした。すなわち、『階級および階級対立をもつ古いブルジョア的社会の代わりに、各人の自由な発展が、万人の自由な発展のための条件である連合体《アソツィアツィオーン》が現われる』」（エンゲルスからカネパへ、一八九四年一月九日　古典選書『マルクス、エンゲルス書簡選集・下』二四五ページ、全集㊴一七六～一七七ページ。「共産党宣言」からの引用は同書の古典選書〈八六ページ〉によった）カネパ、ジュゼッペ（一八六五～一九四八）イタリアの社会主義者。第一次世界大戦の時には、戦争支持派（社会排外主義者）となりました。

共同的生産手段による共同労働

この連合体の経済面での体制的特徴は、「共同的生産手段」による共同労働です。

生産者の共同労働は、資本主義体制のもとでもおこなわれていますが、それは資本家が所有する生産手段で、資本家の支配と指揮のもとでおこなわれる共同労働です。しかも、労働の共同性は、個々の資本家の支配する工場・事業所の範囲内だけのことで、社会全体では無政府性が支配します。

これに対して、未来社会では、生産手段は、連合体社会の所有に移っており、労働の共同性も、社会全体の規模に拡大しています。生産手段の所有が資本家の手から社会の手に移ること、これを「生産手段の社会化」［補注］とよびますが、これが未来社会の経済体制の出発点となるのです。

［補注］「生産手段の社会化」の用語について

生産手段の所有を資本家の手から社会の手に移すという社会変革の根本任務を、「生産手段の社会化」という言葉で表現する呼び方は、マルクスが活動していた時期には一般的ではなく、多くの場合、生産手段の社会的所有といった用語を使っていました。

マルクスが、社会変革のこの任務を、「社会化」という言葉で表現したのは、いま記録でわかっているかぎりでは、次の場合だけです。

最初は、インタナショナルの総評議会の会議（一八六九年）での発言です。

「われわれの努力は、いかなる生産用具も私的所有にゆだねないという目的にむけられなければならない。……あらゆる労働手段を社会化して、各人が自分の労働力を行使する権利と手段とをもつようにすべきである。……［社会革命の］手はじめは、労働手段を社会化する条件をつくりだすことでなければならない」（「相続権についてのマルクスの演説の記録」〔一八六九年七月二〇日の総評議会会議議事録から〕全集⑯五六〇～五六一ページ、太字は不破）

もう一つは、一八八一年、ロシアの革命家ザスーリチ［★］への手紙の下書きのなかででした。

「この協同的ないし集団的生産の原始的な型は、たしかに、孤立した個人の弱さの結果であって、**生産手段の社会化の結果ではなかった**」（第一草稿。全集⑲三九〇ページ、太字は不破）

★　ザスーリチ、ヴェラ・イヴァーノヴナ（一八五一～一九一九）ロシアの女性革命家。当時はナロードニキの運動に属していたが、のちに、マルクス主義の立場に立つ労働解放団の創立に参加した。

マルクスの死後になると、生産手段を社会の手に移すという目標が、多くの国で、社会主義運動や労働運動の目標として広く承認されるようになった結果でしょうか。エンゲルスの文章に、「生産手段の社会化」という定式が、かなり頻繁に登場するようになりました。

「たとえばつぎのように言いたい。その解放が生産手段の社会化なしには不可能である、とか、そんなように」（エンゲルスからカウツキーへ　一八九一年九月二八日　古典選書『マルクス、エンゲルス書簡選集・下』一七六ページ、全集㊳一二六ページ）

「名まえだけは『社会主義者』の下院急進派は、僕の知るかぎり、これまでのところプルードン主義の残党でしかなく、またそうである以上、生産手段の社会化にたいするはっきりした反対者でした」（エンゲルスからポール・ラファルグへ　同年一〇月三一日　全集㊳一六六～一六七ページ）

以上は、手紙での表現ですが、エンゲルスは公開の論説でも、この言葉を使っています。次の文章は、イタリアの共和派の哲学者ジョヴァンニ・ボーヴィオ（一八四一～一九〇三）が提起したドイツ社会主義への疑問にたいする「回答」（一八九二年）の一節です。

「〔批判をやる以上〕彼はドイツの社会主義が、生産手段全体の社会化を要求していることを知っているほど、十分にドイツの社会主義を理解していなければならないはずである」（古典選書『多数者革命』一九九ページ、全集㉒二八七ページ）

こういう経過をへて、「生産手段の社会化」という言葉は、社会主義的変革の目標を表現する言葉として、次第に運動のなかに定着していったのでした。

生産物は誰に帰属するか——共有財産と私有財産

次は、こうして共同で生産された生産物が誰に帰属するか、という問題です。これも答えは明快です。

生産物のうち、ふたたび生産手段として役立つ部分は、社会的な性格のものであり、社会の共有財産として共同で社会的に使用されます。

もう一方の部分、消費手段からなる部分は、連合体の成員に分配され（個人あるいは個々の家族の私有財産になるということ）、個人的に消費されます。

『資本論』第一部が公刊されてから四年後、一八七一年七月のことですが、イタリアの独立運動家として知られたマッツィーニ（一八〇五〜七二）が、新聞紙上で、インタナショナルは、個人財産の権利を否定し「すべての労働者から労働の果実を奪いとる」といって、無法な反共攻撃をしかけてきたことがありました。エンゲルスは、インタナショナルの七月の総評議会会議で、『資本論』のこの立場に立って、痛烈な反論をしたものでした。

「〔この非難は〕経済学のごく初歩についてさえマッツィーニが無知であることを暴露するだけである。インタナショナルは、個々人に彼自身の労働の果実を保障する個人的な財産を廃止する意図はなく、反対にそれを確立しようと意図しているのである。現在、大衆の労働の果実は、少数者のふところにはいっており、そしてこの資本主義的生産制度こそ、マッツィーニが手にふれないでおこうと提案しているものであり、またインタナショナルが破壊しようとしているものなのである。インタナショナルは、だれもが彼または彼女の労働の生産物を収得することを望んでいる」（〔一八七一年七月二五日の総評議会会議についての新聞報道から〕全集⑰六一五ページ）

マッツィーニは、インタナショナルの創立当初は、配下を参加させて、その指導権を得ようといろいろ画策しました、それに失敗すると、反インタナショナル派に転じたのでした。

消費手段部分の分配の方法は？

生産物のうち、消費手段部分が分配されるとなると、分配の方法が問題になります。

マルクスは、この問題では、先ほど（本書五九ページ）紹介したように、たいへん弾力的な態度をとっています。

「この部分〔消費手段部分――不破〕は、だから、彼らのあいだで分配されなければならない。この分配の仕方は、社会的生産有機体そのものの特殊な種類と、これに照応する生産者たちの歴史的発展程度とに応じて、変化するであろう」

ここには、未来社会の問題で勝手な青写真を描くことをきびしくいましめたマルクスの原則的な態度が、たいへんよく表われているではありませんか。

生産手段は引き続き社会の共同所有に、消費手段は分配して個人所有に――これは、社会的生産有機体の種類や生産者たちの発展程度などには左右されない未来社会の基本問題です。これに対して、消費手段の各個人への分配の仕方は、歴史的状況に応じて変化する問題であって、いつでもどこでも通用する青写真を描くわけにはゆかない。マルクスは、こういう仕分けをきちんとしているのです。

そのうえで、「各人の労働に応じての分配」をあり得る分配方式の一例としてあげ、その分配方式と各人への労働の配分などとの関連も考察しています。

あとで「補篇」の部分（本書一五九ページ以下）で検討するつもりですが、レーニンは、マルクスの「ゴータ綱領批判」（一八七五年）を、消費手段部分の分配というこの点で読み違いをし、マルクスの未来社会論の誤った理解を広めてしまったのでした。

生産過程の意識的計画的管理が可能になる

「第一章　商品」では、未来社会のもう一つの重要な特質が説明されます。すなわち、未来社会では、「社会的生活過程の、すなわち物質的生産過程の姿態」が、「自由に社会化された人間の産物として彼らの意識的計画的管理のもとにおかれる」ということです（『資本論』①一三五ページ）［補注］。

生産手段が多数の資本家のもとで分散的に所有され、それが競争しあう資本主義社会では、計画的管理が可能なのは個々の企業の内部でだけであって、社会的規模では無政府性が支配します。社会的規模での生産過程の計画的管理は、生産手段の全体が社会の所有になるという条件のもとでのみ可能になるのです。

［補注］未来社会と宗教

いま取り上げた文章で、マルクスが中心においた主題は、実は、未来社会と宗教との関係の問題にありました。マルクスは、人間社会における宗教の存在の根源を、これまでの階級社会の人間的諸関係の各種の非合理的な制約のうちに求め、未来社会で、この制約が解消する時には、こうした「神秘のヴェール」は消えうせると説きました。

「現実世界の宗教的反射は、一般に、実際の日常生活の諸関係が、人間にたいして、人間相互の、また人間と自然との、透いて見えるほど合理的な諸関連を日常的に表わすようになるとき、はじめて消えうせる」（同前）

私たちは、人間の思想・意識の問題は、複雑な性格をもっていると、考えています。そういう考えから、一九七五年、日本共産党の中央委員会総会で決定した「宗教についての日本共産党の見解と態度」のなかで、未来社会での世界観の自由について、つぎのような立場を明らかにしました。

「わが党は現在においても将来においても、国家権力による思想や信教の問題への介入には、絶対に反対である。将来社会でどの世界観、どの哲学が、どれだけの比重と影響力をもつかは、行政的手段によってではなく、思想自身の力、その社会の成員一人ひとりの自由な選択によってきまる問題である。……未来のこの自由な共同社会においては、複数の世界観や価値観の存在する自由は尊重され、科学的世界観の保持者も宗教をふくめ他の世界観の保持者も、平等かつ個性ある成員として自由な共同社会を形成するであろう」（新日本文庫『日本共産党と宗教問題』二一七ページ）

（2）「生産手段の社会化」が未来社会の土台

いま見てきたことからもわかるように、未来社会の土台は、「生産手段の社会化」にあります。だからこそ、マルクスは、先に（本書二九〜三〇ページ）詳しく見たように、『資本論』第一部の最後の篇に、「資本主義的蓄積の歴史的傾向」という節を設定して、資本主義的生産様式の発展から没落への歴史的過程を追跡したとき、生産手段の問題に中心的視点をすえたのでした。

先のところでは、生産手段の社会化が実現する過程を説明した文章は、紹介するだけにとどめましたので、ここで、その部分をもう一度紹介した上で、内容の説明に入ることにしましょう。

「資本主義的生産様式から生まれる資本主義的取得様式は、それゆえ資本主義的な私的所有は、自分の労働にもとづく個人的な私的所有の最初の否定である。しかし、資本主義的生産は、自然過程の必然性をもってそれ自身の否定を生み出す。これは否定の否定である。この否定は、私的所有を再建するわけではないが、しかし、資本主義時代の成果――すなわち、協業と、土地の共同占有ならびに労働そのものによって生産された生産手段の共同占有――を基礎とする個人的所有を再建する」（『資本論』④一三〇六ページ）

マルクスはここで、資本主義的生産様式の発生から没落、新しい生産様式への交替にいたる全過程が、「否定の否定」という独特の運動様式を表わしていることを、指摘しています。「否定の否定」というのは、ヘーゲルが発見した弁証法の法則の一つで、世界のいろいろな物事の発展には、発展的変化の最初の段階では、前段階のある特質が否定されるが、次の発展段階では、いったん否定された特質が新たな内容とより発展した特徴をもって現われる、こういう場合がありうることを、しめしたものです［補注］。

マルクスは、『資本論』第一部の全体を通じて、資本主義的生産の発展から没落への過程を、膨大な諸事実の科学的な分析・研究を通じて明らかにしてきました。結論的な部分でその内容をふりかえって総括してみると、それが「否定の否定」という弁証法的な運動形態をしめしていることがわかった。そのことへの感慨をこめて、マルクスは、この過程の弁証法的な総括を、次のような内容で、読者にしめしたのでした。

出発点。出発点は、生産者による、自分の労働にもとづく個人的な私的所有（生産手段および消費手段の）でした。

最初の否定。資本主義的生産とともに、これが否定されました。生産者による生産手段の所有は否定され、消費手段の所有はきびしく制限されたのです。

否定の否定。社会変革によって、生産者の所有が新たな発展した内容で再建されます。消費手段は生産者の個人的所有となり、土地と生産手段の共同所有に参加するのです。

［補注］デューリングの言いがかり

ドイツの反マルクスの理論家デューリング（一八三三～一九二一）は、この問題で、マルクスを攻撃し、彼は、社会革命の必然性を、ヘーゲルの否定の否定をよりどころにしなければ証明できなかったのだ、という非難をもちだしました。これは、まったくの言いがかりでした。エンゲルスは、これにたいして、『反デューリング論』のなかで、マルクスは、社会革命の必然性を、資本主義社会の発展過程の歴史的＝経済学的証明をおこない、それを終えたあとで、その過程が弁証法的性格をも保っていることを指摘したのだと、きびしく反論しました。

「マルクスがこの過程を否定の否定とよんでいるのは、そうすることでこの過程が歴史的に必然的なものであることを証明しようとしているのではない。その反対である。彼は、この過程が実際に一部はすでに起こっており、一部はこれから起こらざるをえないということを歴史的に証明したあとで、それにつけくわえて、この過程を、一定の弁証法的法則にしたがっておこなわれる過程とよんでいるのである。それだけのことである」（全集⑳一四〇ページ、古典選書『反デューリング論・上』一九二ページ）

第二章　未来社会の主要な特徴

次に、未来社会の主な特徴について、『資本論』がなにを語っているかを、できるだけ詳しく、必要な場合には『資本論』以外の文献も参照しながら見てゆきましょう。

ここでは、この問題でのマルクスの発言を、1．生産者が主役の社会になる、2．経済活動のあり方が変わる、3．社会の飛躍的発展の新しい時代が始まる、の三つの角度に整理して、読んでゆくことにします。

（1）第一の特徴　生産者が主役の社会になる

言うまでもなく、未来社会では、生産者が主役です。生産者が、資本家に雇用され、資本家のために労働し、自分が生産した価値のごく一部しか受け取らず、過酷な条件のもとではたらく、そういう時代は過去のものとなります。

そこで生産者の地位がどう変わるのか、いくつかの面から具体的に見てみましょう。

1　生産した価値の主要部分が生産者のものに

『資本論』第三部の最後の篇に、社会を維持してゆくためには、生産過程で生み出される剰余価値のすべてを消費してゆくわけにはゆかず、いろいろな意味で予備元本（ファンド）として確保しておくべき部分があることを、マルクスが指摘した一節があります。そして、この文章のなかで、マルクスは、これらの予備元本は、「資本主義的生産様式の止揚後にも」存続させるべきものだと、とくに注記しています。

まず、マルクスのその文章を読んでみましょう。

「不変資本は、再生産過程中には、素材的に見れば、大損害をもたらしかねない不慮の出来事と危険とにさらされている。……そのため、利潤の一部、したがって剰余価値の一部、それゆえまた（価値から見て）新たにつけ加えられた労働だけがそのなかに現われる剰余諸生産物の一部が、保険元本として役立つ。……それはまた、剰余価値と剰余生産物とのうち、したがって剰余労働のうち、蓄積すなわち再生産過程の拡大のために役立つ部分のほかに、資本主義的生産様式の止揚後にも存続しなければならないであろう唯一の部分である。……年齢のために、まだ、またはもはや、生産に参加できない人々のための剰余労働のほかには、労働しない人々〔支配階級〕の扶養のためのいっさいの労働はなくなるであろう」（第三部第七篇「第四九章　生産過程の分析によせて」⑬一四八二〜八三ページ、太字は不破）

マルクスがここで、「資本主義的生産様式の止揚後にも」存続する必要があるとした、総生産物からの控除部分は、次の四つの部分です。

（1）再生産過程で消費された不変資本部分を補填する「再生産元本」。

（2）再生産過程がこうむる不慮の事故や災害に備える「保険元本」。

（3）再生産過程の拡大のために役立つ「蓄積財源」。

（4）年齢やその他の事情のために生産に参加できない人々の生活をささえる「扶養元本」。

資本主義的生産の時代にも、この（2）（3）（4）などに相当するものは（「扶養元本」はたいへん貧弱ですが）、剰余生産物から留保されていますが、それでなお、資本家階級は巨大な剰余価値を手にして、自分たちの繁栄を謳歌《おうか》しているのです。未来社会では、この階級が消滅して、いまあげた控除部分を除くすべての富が、社会の主役となった生産者たちの生活を支える元本となるのですから、生産者階級の生活にどのような変革が起こるか、想像するだけでも楽しくなるではありませんか。

2　労働が人間的性格を回復する

次は、労働そのものの性格が根本的に変化することです。

マルクスは、一八六四年、インタナショナル（国際労働者協会）が創立された時に、その「創立宣言」に、次のような言葉で、この変化を特徴づけました。

「賃労働は、奴隷労働と同じように、また農奴の労働とも同じように、一時的な、下級の〈社会的〉形態にすぎず、やがては、自発的な手、いそいそとした精神、喜びにみちた心で勤労にしたがう結合的労働［★］に席をゆずって消滅すべき運命にある」（「国際労働者協会創立宣言」、古典選書『インタナショナル』一九ページ、全集⑯九ページ）

★　結合的労働　マルクスが『資本論』その他で、未来社会の労働様式の特徴づけとして使っている言葉です。未来社会の生産様式についても、「結合的生産様式」と呼ぶことも多くあります。

翌一八六五年、マルクスは『資本論』第三部の最後の篇に、未来社会における労働の性格の変化について、次のように書きこみました。

「この領域［物質的生産の領域――不破］における自由は、ただ、社会化された人間、結合された生産者たちが、自分たちと自然との物質代謝［★］によって――盲目的な支配力としてのそれによって――支配されるのではなく、この自然との物質代謝を合理的に規制し、自分たちの共同の管理のもとにおくこと、すなわち、最小の力の支出で、みずからの人間性にもっともふさわしい、もっとも適合した諸条件のもとでこの物質代謝を行なうこと、この点にだけありうる」（第三部第七篇「第四八章　三位一体的定式」⑬一四三五ページ）

★　自然との物質代謝　『資本論』第一部第三篇「第五章　労働過程と価値増殖過程」の冒頭に、労働が次のように定義されています。

「労働は、まず第一に、人間と自然とのあいだの一過程、すなわち人間が自然とのその物質代謝を彼自身の行為によって媒介し、規制し、管理する一過程である」（『資本論』②三〇四ページ）

「物質代謝」というのは、生物学上の言葉で、生命体が外界から栄養物質をとりこみ、体のなかで変化させて、自分の構成物質をつくったり、エネルギー源とした上で、不要な部分を体外に排出する作用をさします。マルクスは、人間が労働によって、自然からいろいろな物質をとりこみ、それを加工して自分の生活手段に変えることを、生命体の活動にたとえて、「自然との物質代謝」と呼んだのです。

この二つの文章は、どちらも、未来社会における労働の性質の変化について語ったものですが、インタナショナルの「宣言」は、その変化を、労働に取り組む主体的な気持ちの変化としてわかりやすく表現し、『資本論』の文章の方は、労働の性格、内容、条件の変化を、より客観的に表現しています。

後者の文章には、若干の解説をくわえておきましょう。

未来社会で労働に取り組むのは、孤立した個人生産者でもなく、資本家に雇われた賃労働者でもありません。「結合した生産者たち」、すなわち、「共同的生産手段」をもって、自分たちの個人的労働力を「自覚的に一つの社会的労働力として支出する自由な人々の連合体」です〈第一章「未来社会の全体像」のところの引用〈本書五九ページ〉を思い出してください〉。その連合体が、生産過程を自分たちの共同のもとにおき、もっとも合理的なやり方で、労働に取り組むのです。そこでは、資本主義体制のもとでは当然のこととされていた、無理無体なやり方――労働者を痛めつけ、自然をも破壊する無法には、存在の余地がありません。「最小の力の支出で、みずからの人間性にもっともふさわしい、適合した諸条件のもとで」生産活動をおこなうことが、未来社会における労働の当然の姿になる。後者の文章で、マルクスはこのことを表現しているのです。

一口に言って、労働が本来の人間的性格を回復する、ここに、未来社会の大きな特徴があると言ってよいでしょう。

3　労働時間の抜本的短縮が実現する

マルクスは、『資本論』第一部で、未来社会における労働時間の短縮の問題についても語っています。

労働者からの剰余価値の搾取を、まず「労働日」の角度（絶対的剰余価値）から（第三篇）、ついで生産力の発展と労働密度の強化の角度（相対的剰余価値）から（第四篇）分析したあと、マルクスは、両者をあわせた総合的考察をおこないます（第五篇）。そこに「労働力の価格と剰余価値との大きさの変動」という章があり、数式的な研究が主で、あまり熱心には読まれない部分だと思いますが、実はそこに、未来社会論についての重要な指摘がありました。

その一つが、労働時間の短縮の問題です。

「労働の強度と生産力が与えられているならば、そして労働が社会のすべての労働能力のある成員のあいだに均等に配分されていればいるほど、また、ある社会層が労働の自然的必要性を自分から他の社会層に転嫁することができなくなればなるほど、社会の労働日のうちで物質的生産のために必要な部分がそれだけ短くなり、したがって、諸個人の自由な精神的および社会的な活動のために獲得される時間部分がそれだけ大きくなる。労働日短縮のための絶対的限界は、この面からすれば、労働の普遍性である。資本主義社会においては、一階級の自由な時間は、大衆のすべての生活時間を労働時間へ転化することによって生み出される」（③九〇六ページ）

この文章には、これが共産主義社会［★］への言及だという特別の表現はありませんが、「労働の自然的必要性」を他の社会層に転嫁する社会層が、階級社会（資本主義社会をふくむ）における支配層を指していること、そうした転嫁ができなくなる社会が共産主義社会にほかならないことは、文意から明白です。

★　共産主義社会　マルクスは、『資本論』で未来社会について語るときには、「結合的生産様式」、「意識的かつ計画的な結合体」、「より高度の経済的社会構成体」などといった一般的な表現をするときが多いのですが、より直接的な表現が適当とされる場合には、「共産主義社会」の用語を使いました（第一部第四篇第一三章　③六八一ページ、第二部第二篇第一六章　⑥四九七ページ）。「社会主義社会」という表現は、『資本論』には登場しません。

労働時間が短縮されると、諸個人は、「精神的および社会的活動のため」の時間をより大きくもつことになります。マルクスはこのことを重視し、そこから未来社会論をたいへん壮大な規模で展開するのですが、この問題は、「第三の特徴　経済の飛躍的発展の新しい時代が始まる」（本書九〇ページ以下）のところで、深く研究したいと思います。

なお、労働時間の問題の人間生活における重要性については、『資本論』にさきだつ文章ですが、一八六五年、マルクスがインタナショナルの中央評議会でおこなった講演「賃金、価格および利潤」のなかの次の一節が重要だと思います。

「時間は人間の発達の場である。思うままに処分できる自由な時間をもたない人間、睡眠や食事などによるたんなる生理的な中断をのぞけば、その全生涯を資本家のために労働によって奪われる人間は、牛馬にもおとるものである。彼は、他人の富を生産するたんなる機械にすぎず、からだはこわされ、心はけだもののようになる」（古典選書一七〇～一七一ページ、全集⑯一四五ページ）

「時間は人間の発達の場である」、「自由な時間をもたない人間は……牛馬にもおとる」。これらの鋭く、また強烈な言葉は、未来社会における時間短縮の重要性と、そこに未来社会の最大の可能性を見たマルクスの思いを、何よりも強烈に表わしているのではないでしょうか。

（2）第二の特徴　経済活動のあり方が変わる

次の問題に進みましょう。人間社会における経済活動のあり方が変わる、という問題です

1　人間の自由な発展そのものが経済活動の主要な目的となる

「階級および階級対立をもつ古いブルジョア的社会の代わりに、各人の自由な発展が、万人の自由な発展のための条件である連合体《アソツィアツィオーン》が現われる」(「共産党宣言」一八四八年　古典選書八六ページ、全集④四九六ページ)

これは、「共産党宣言」のなかでの未来社会の特徴づけで、もっとも早い時期の未来社会論だと言えます。

この文章には、未来社会における経済活動の性格と目的が、極めて明瞭な言葉で、端的に表明されています。

マルクスは、『資本論』のなかでも、未来社会の同じ性格づけをおこなっています。

「各個人の完全で自由な発展を基本原理とする、より高度な社会形態」(『資本論』第一部第七篇「第二二章　剰余価値の資本への転化」④一〇一六ページ)

資本主義社会では、剰余価値の獲得と拡大が、経済活動の唯一最大の目的でした。

これに対して、未来社会では、「各人の自由な発展」、「万人の自由な発展」が経済活動の目的とも推進力ともなるのです。

もちろん、社会が新しい道にふみ出した最初の段階では、古い社会が未解決のままに残した一連の経済問題に取り組むことが、当面最大の課題とされる時期が当然あるでしょう。しかし、その時期を乗り越えて、社会発展が未来社会本来の軌道を進みだしたときには、人間の自由な発展が経済面を含む社会の全活動の主要な目的となるという、人類史上のまったく新しい段階が開かれるのです。

2　経済の計画的運営が可能になる

資本主義的生産は無政府性を特徴としますが、生産手段が生産者の共同体である社会の手に移った未来社会では、生産過程の意識的計画的管理がはじめて可能になり、社会の経済活動の新しい道が開かれます。マルクスはこのことを、未来社会の最大の経済的特徴の一つとして、各所で強調しました。まずその発言の主なものを、執筆の順を追って（第三部→第一部→第二部）、紹介することにします。

（1）「資本主義的生産では、総生産の連関は、盲目的な法則として生産当事者たちに自己を押しつけるのであり、彼らの結合した理性によって把握され、それゆえこの理性によって支配された法則として、その理性が生産過程を彼らの共同の管理のもとにおいたのではな

いからである」（第三部第三篇「第一五章　この法則の内的諸矛盾の展開」⑨四三八ページ）

（2）「生産者たちが自分たちの生産をまえもって作成した計画に従って規制する社会」（同前四四五ページ）。

（3）「社会的生活過程の、すなわち物質的生産過程の姿態は、……自由に社会化された人間の産物として彼らの意識的計画的管理のもとにおかれる」（第一部第一篇「第一章　商品」①一三五ページ）

（4）「社会的生産過程の……意識的な社会的管理および規制」（第一部第四篇「第一二章　分業とマニュファクチュア」③六一八ページ）

（5）「現存の生産手段および労働力によって直接的かつ計画的に実現されうるいっそう合理的な結合」（第一部第七篇「第二二章　剰余価値の資本への転化」④一〇四七ページ）

（6）「社会的理性がいつも〝祭りが終わってから〟はじめて妥当なものとされる資本主義社会では、つねに大きな攪乱《かくらん》が生じうるのであり、また生じざるをえない」（第二部第二篇「第一六章　可変資本の回転」⑥四九七～四九八ページ）

マルクスは、この「意識的計画的管理」が、どのような方式、どのような形態で実現されるかの青写真を描くことはしていません。それは、将来、この問題に取り組む世代が、そのときの歴史的諸条件を踏まえて解決する主題になるでしょう。

ただ、経済活動の計画的な管理が、資本主義の無政府性が生み出す矛盾や破綻を解決する上で、大きな力を発揮することについては、さまざまな事例をとらえて語っています。

たとえば、資本主義的生産のもとでは、個々の生産部門のあいだの不均衡は、はげしい競争の過程で不断に起こる恒常的現象ですが、先ほど見た引用の第一の文章は、その混乱を、生産過程の計画的管理のおこなわれる未来社会と対比した文章でした。

また、社会的理性が〝祭りが終わってから〟はたらくという言葉で資本主義経済を批判した第六の文章は、建設期間が長期にわたり投資の時点と利潤創出の時点に大きな開きがある事業をめぐって、資本主義経済と共産主義経済との対応の違いを論じたものでした［★］。

★　問題の再論　マルクスは、この問題での二つの経済の対比論を、「社会的総資本の再生産と流通」を論じる次篇・第三篇冒頭の「緒論」（第一八章）でもくりかえしています（⑦五六六～五六七ページ）。

なお、具体的な問題での資本主義社会と未来社会の対比は、再生産過程での諸部門間の均衡や固定資本の補填の問題（第二部第三篇　⑦五六六～五六七、六九五～六九七、七五二～七五三ページ）、原料問題での危機の解決の問題（第三部第一篇　⑧二〇六、二〇八ページ）などでも、言及があります。資本主義経済のもとで表面化してくる諸問題を敏感にとらえて、共産主義的未来についての考察をめぐらせたマルクスの姿勢には、大いに教えられるものがあります。

「結合」の言葉の意義について

第一の引用では、マルクスは、未来社会を特徴づけるのに、生産当事者たちの「結合した理性」が働く、という言葉をつかっています。未来社会を表現する言葉として、「結合的生産様式」、「結合社会」、「結合的労働」などの用語があることも、すでに紹介しました。「結合」という言葉のこうした使い方は、マルクス独特のもので、その社会変革論を理解する上で大切なものですから、ここで若干の解説をおこなっておきます。

マルクスは、『資本論』で、資本主義的生産過程のなかで労働者の共同の関係が発展することを、「結合」という言葉で表現してきました。

自動化工場では、「結合された全体労働者または社会的労働体が支配的な主体として」現われる（第一部第四篇「第一三章　機械と大工業」③七二五ページ）。

「生産物は、一般に、個人的生産者の直接的生産物から一つの社会的生産物に、一つの全体労働者、すなわち一つの結合された労働人員……の共同生産物に、転化する」（同前「第一四章　絶対的および相対的剰余価値」同前八七二ページ）。

「結合」という言葉は、すでに見てきたとおり、未来社会を特徴づける重要な言葉となっています。ただ、注意する必要があるのは、日本語では同じ「結合」ですが、もともとのドイツ語では、資本主義的生産のもとでの「結合」には「コンビニート」、未来社会の「結合」には「アソツィールト」と別の言葉が使われていることです。資本主義的生産のもとでは、労働者の結合は、労働者自身の意思によるものではなく、資本家の意思によって、資本家の指揮のもとでおこなわれる「結合」です。だから、「結合された」と受け身の表現が使われます。

社会変革ののちには、この「結合」が、労働者自身の意思による自発的な「結合」へと、質的な転化をとげるのです。ここでは、「結合」はもはや受け身のものではありません。だから、ここでは、形容句も、「結合した生産者たち」、「結合した理性」という表現へと変化するのです。

（3）資本主義体制の危機的な諸問題はどう解決されるか

未来社会の特徴づけとしては、まだ第三の特徴が残っていますが、未来社会の性格や様相のおおよそがわかったところで、第一篇の（4）で見た現代資本主義の危機的諸問題が、未来社会でどう解決するか、この問題を検討してみたいと思います。

格差拡大の根源がなくなる

まず格差の問題です。資本主義社会で格差が存在し無制限に拡大する根源は、労働者にたいする剰余価値の搾取がこの社会の基盤であり、その無制限の拡大を追求する利潤第一主義がこの社会の運動の最大の推進力だというところにありました。社会の変革とともに、剰余価値の搾取という事態そのものがなくなり、利潤第一主義も消滅するのです。

生産された消費手段は、部分的な〝予備元本〟をのぞくすべてが生産者のあいだに分配されます。分配の方法は、その段階の状況におうじて生産者の集団の間で決定されることになりますが、現在のような格差が想像もできない過去の話となり、社会全体の生活水準の抜本的な向上が実現されることは、疑いないでしょう。

原子力問題はどうなる

現在の原発問題が、核エネルギーの副産物として生まれ、安全問題の科学的な保障も、危険な核廃棄物の処理の展望も、包括的な総コストの検討もないまま、ひたすら企業の利潤第一主義によって進められてきたことは、すでに詳しく見てきたところです。

未来社会では、このような危険で無責任な原発政策には、きっぱりと終止符がうたれ、「原発ゼロ」の立場がつらぬかれるでしょう。

しかし、人類の知能の進歩、人間の科学技術の進歩には、限度がありません。現在でも、宇宙生成の神秘や物質の根源への探究は日々進んでいます。いつの日にか、軍事研究の副産物としてではなく、真理を探究する科学の王道のなかから、安全の保障された新たな方法で人類が核エネルギーを利用できる時代にも到達できるでしょう。そういう日をめざして、科学研究に取り組むことが、未来社会の大方向となることを、私は確信しています。

地球温暖化の傾向にストップをかける

これは、未来社会の実現を待ってはいられない、現瞬間に緊急の解決を求められている重大問題であり、現在、地球の大部分を支配している資本主義社会そのものが、温暖化の傾向にストップをかける責任があります。

そのことを前提として、あえて、次の時代を担う未来社会の課題をいえば、資本主義社会が果たし得ないままでこの課題を次の社会に残したとしたら、温暖化傾向をストップさせることとそのことが、未来社会が取り組むべき緊急最大の課題となるでしょう。そしてそれが果たされた段階では、さらに進んで、地球大気をより低温化しより住みやすい環境条件を回復することが、次の新しい任務、未来社会でしか担い得ない壮大な任務となるのではないでしょうか。

生産過程への人工知能（ＡＩ）の導入をめぐって

この問題は、資本主義の現代的危機を論じたときには、検討の外においた問題ですが、最近、人工知能（ＡＩ）の急速な開発と産業などへの導入をめぐって、それが、雇用問題の新たな危機をうむのではないか、という懸念がしばしば提起されます。

生産力の進歩とともに、この種の問題はいつも起きてきたものでした。それは、歴史的には、生産や産業の規模と多様性が、それを乗り越えて発展することによって解決されてきたものですが、人工知能の場合には、人間労働力そのものにおきかわるケースであるだけに、これが多くの産業現場で支配的になってきた場合には、たしかに雇用問題で、これまでとは異質の危機を引き起こす可能性をはらんでいます。

この問題では、科学の進歩がこういう危機を引き起こすのは、現在が資本主義の世界だからだ、ということを直視する必要があります。

人工知能が生産過程に取り入れられて、人間の労働力がより少なくてすむようになるということは、これまでよりもより少ない負担で同じ量の生産ができるということであり、人間社会がその活動力を他の部面により多くまわすことができる、ということですから、その手段が人工知能であろうと、他の発明物であろうと、人間社会全体から言えば、歓迎すべきことのはずです。それが、雇用問題を引き起こすというやっかいな問題に見えるのは、この体制が、労働からできるだけ多くの剰余価値を引き出すことを最大の任務とする資本主義体制だからであり、資本主義の歴史的限界をあからさまにしめすことにほかなりません。

未来社会では、労働力の負担を軽くする人工知能の活用は、社会にとって悩みの種になるどころか、労働時間の短縮をさらに進行させ、自由な時間を拡大するものとして、社会のあらゆる方面から大歓迎される快事となるでしょう。

(4) 第三の特徴　経済の飛躍的発展の新しい時代が始まる

未来社会の特徴として、最後に強調したいのは、この時代が、資本主義時代をはじめ、過去の搾取社会が知らなかった飛躍的発展の素晴らしい可能性をもっている、ということです。

1　資本主義時代の浪費と無駄が一掃される

マルクスが、『資本論』のなかで、この問題でまず指摘するのは、未来社会が資本主義時代の経済から、人間社会の本来の発展に役立たない無駄の部分をきり落とす、という問題です。マルクスは、この問題を「労働の節約」と呼んでいます。第一の特徴をのべたところ（本書七八～七九ページ）で、『資本論』第一部の思わぬ場所に、未来社会にかかわる二つの指摘があるとし、その一つの「労働時間の短縮」の部分を紹介しましたが、もう一つの部分が「労働の節約」についての次の指摘でした。

「社会的に考察すると、労働の生産性は、労働の節約によっても増大する。労働の節約は、生産手段の節約だけでなく、あらゆる無用な労働を避けることをも含んでいる。資本主義的生産様式は、個々の事業所内では節約を強制するが、その無政府的な競争制度は、社会的な生産手段と労働力の際限のない浪費を生み出し、それとともに、こんにちでは不可欠であるがそれ自体としては不必要な無数の機能を生み出す」（第一部第五篇「第一五章　労働力の価格と剰余価値の大きさの変動」『資本論』③九〇六ページ）

マルクスがここであげている資本主義的生産様式に固有な「無用な労働」の第一の要素は、「無政府的な競争制度」にともなう「生産手段と労働力の際限のない浪費」です。限られた市場を争って、多くの企業が自分のもつ生産力を最大限に活用して市場に商品を投入する、この活動形態そのものが商品の過剰と無用な浪費をたいへんな規模でうみだしますし、それが恐慌に発展すれば、一連の企業の経営危機や倒産が起こり、この浪費はさらに大規模なものとなります。

第二にあげられるのは、「こんにちでは不可欠であるがそれ自体としては不必要な無数の機能」

の問題です。

ここにも性格を異にする二つの「機能」があると思います。

一つは、たとえばいま日本で導入が大問題になっている「カジノ」事業はその典型ですが、資本主義社会では、社会的に有害な事業であっても、利潤の大きな源泉となる事業であれば、資本家だけでなく、政府までもとびつくのです。

それだけではありません。利潤だけを当てにして、企業が利潤本位の競争で新しい製品を売り出し、政治的、社会的な規制も後手後手になって、その新製品がうみだす社会悪をだれも取り締まれない、こういう事例は、ここ数年の日本での経験だけでも、いくつもあげることができるでしょう。こういうものは、当の関係企業には「不可欠」であっても、「それ自体としては不必要な」事業だというべきでしょう。

もう一つは、マルクスの注目はなによりもこちらに向けられていると思いますが、資本主義制度のもとでは重要な機能を果たし大きな比重を占めているが、未来社会で無用となる諸機構です。証券市場の諸機構はその典型ですし、銀行などの信用機構も大幅な単純化が可能になるでしょう。

経済諸関係の全範囲におよぶこうした「労働の節約」が、未来社会の経済的活力の増大に大きな役割を果たすことは、間違いありません。

2　なにが未来社会の発展の推進力となるか

未来社会論の核心が第三部第七篇冒頭の文章にあった

最後に検討したいのは、なにが未来社会の発展の推進力となるか、という問題です。資本主義社会では、利潤第一主義、すなわち、剰余価値の拡大への果てしない追求が経済発展の推進力でした。では、搾取も剰余価値もその意味を失った未来社会では、なにが経済の発展、社会の発展の推進力となるのか。

この問題は、『資本論』第三部の最後の篇（「第七篇　諸収入とその源泉」）の最初の章（「第四八章　三位一体的定式」）の冒頭に、きわめて簡潔な、極度に圧縮した表現でしたが、未来社会の中心問題として、まとまった内容で書き込まれていました。

この文章は、これまでの『資本論』解説では、ほとんど注目されないできました。私たち自身も、二〇〇三〜〇四年に日本共産党綱領の改定にあたって、マルクスの未来社会論の総ざらい的な研究に本腰でとりくむまでは、この文章の深い意味にまったく気づかないでいました。

この重要な文章が、それまで見過ごされてきたのには、いくつかの理由があったと思います。一つは、この章についてのエンゲルスの編集ぶりです。マルクスは草稿を書く途中でなにか思いついたことがあると、考えがまとまった時期に、その場所の性格とは無関係の文章でも、草稿に書き込んでしまうことがよくあります。そしてそのときには、中途での書き込みだということを示す標識として、書きつけた文章を［ ］でくくるのが普通でした。未来社会論についてのこの文章は、第七篇の冒頭に書きつけられており、［ ］の標識もついていましたから、この章が草稿そのままの順序で再現されていたら、この部分はもっと注目されたでしょうし、その独自の意味がはっきりしたかもしれません。

この文章を［ ］づきで第七篇のほかならぬ冒頭に書きつけたということは、マルクスが、ここで要約的に展開した見解を、この篇のしかるべき場所で、より本格的に展開するつもりだっただろうことを予想させるものでした。しかし、マルクスはそれ以後、第三部の完成稿執筆に手をつける時期をもたないまま、その生涯を終えました。そうである以上、マルクスがここに書き残した短い文章から、可能な限りその内容をひきだすよう努めることが、後世に生きる者の責務となってくると言わなければならないでしょう。

さて、エンゲルスは、この部分の編集にあたって、独特の手法をとりました。本文以外の場所で見つけた、「三位一体的定式」［★1］というこの章の本来の主題に関連する草稿の三つの断片を（その一つ、エンゲルスが［Ⅱ］とした断片は本文に入るべき文章でした）、この章の冒頭にまとめて配置したのです［★2］。そのために、未来社会論についての書きこみは、「三位一体的定式」を主題とした文章で前後をはさまれた、独自の意義のたいへん読みとりにくい位置におかれてしまったのでした。

★1　「三位一体的定式」　「三位一体《さんみいったい》」というのは、父（神）と子（キリスト）と聖霊の三者を神の三つの位格（ペルソナ）だとするキリスト教の用語です。マルクスは、剰余価値の本性を見失って資本主義社会の三大階級の収入を「資本―利子」、「土地所有―地代」、「賃労働―賃金」という三つの公式で説明する俗流経済学者たちの主張を、「三位一体的定式」と呼んで冷やかしたのでした。

★2　『新メガ』の第三部草稿では　現在刊行中の『新メガ』（草稿やノートをふくめてマルクス、エンゲルスの全著作を収録した本格的全集）では、エンゲルスがこの章の冒頭に集めた三つの文章を、草稿本来の位置に移し、未来社会論が、冒頭の書き込みであることがわかるように、編集されています（第二部第四巻第二分冊『マルクスの一八六三～一八六七年草稿第二部』、一九九二年）。

この部分の理解を難しくしたもう一つの理由として、『資本論』の諸草稿がまだ公刊されておらず、未来社会論にとりくんできたマルクスの研究史を知る条件がなかったことが、この文章の意義の理解を妨げていたことも、指摘される必要があると思います。私自身、『五七～五八年草稿』や『六一~六三年草稿』［★］などを読んではじめて、マルクスが多年にわたって、この線で未来社会論の探究を続け、第三部第七篇の文章は、その到達点を簡潔に表現したものであることを理解できたのでした。

マルクスのこの研究の歴史は、第三部第七篇冒頭の文章を読んだあと、「（参考研究）マルクスの探究の歴史を見る」（本書一〇五ページ以下）で、紹介したいと思います。

★『資本論』の諸草稿　『資本論』の草稿では、この二つの草稿が重要ですが、どちらも、日本語版では、『資本論草稿集』（全九冊、大月書店刊）として刊行されています。これは『新メガ』を底本にしたもので、『五七~五八年草稿』（全二冊）は一九八一年、一九九三年に、『六一~六三年草稿』（全六冊）は一九七八~九四年に刊行されました。そのほか、第二部第一草稿（一八六五年、日本語訳『資本の流通過程』一九八二年）と第一部初稿「第六章　直接的生産過程の諸結果」（一八六四年、日本語版・国民文庫）も、同じ出版社から刊行されています。

未来社会論の序論的部分

では、いよいよ、『資本論』第三部第七篇冒頭の未来社会論の研究に進みましょう。

この文章の前半は、資本主義的生産過程の歴史的総括にあてられ、それが未来社会の諸条件を準備し、最終的には未来社会への社会的転化の必然性をもっていることが指摘されます。

「剰余労働は、資本主義制度においては、奴隷制などでと同じように、ただ敵対的形態をとるほかなく、社会の一部分のまったくの無為によって補足される。……資本がこの剰余労働を、奴隷制・農奴制などの以前の諸形態のもとでよりも、生産諸力の発展にとって、社会的諸関係の発展にとって、またより高度の新たな社会形態のための諸要素の創造にとって、いっそう有利な様式と諸条件とのもとで強制するということは、資本の文明化的側面の一つである」（『資本論』⑬一四三三〜一四三四ページ）

複雑な言い回しをしていますが、働くものから剰余労働を搾取する点では、資本主義制度は奴隷制、農奴制などそれ以前の搾取制度と共通する搾取社会だが、剰余労働の強制の仕方には大きな違いがある、この制度は、生産諸力の発展、社会的諸関係の発展、さらにはより高度の新たな社会形態（未来社会）のための諸要素の創造にとって、より有利な仕方で剰余労働を強制するのだ、という指摘です。資本主義制度がこういう特質をもち、こういう役割を果たすことを、マルクスは、『資本論』の最初の草稿を書いたころから「資本の文明化作用」（『五七〜五八年草稿』、『資本論草稿集』②一八ページ）と呼んできました。

こうした発展の到達点が、未来社会に道を開く社会主義的変革です。

つづいてかなり難解な文章ですが、資本主義的生産の段階で、物質的労働にあてられる時間を大幅に圧縮する社会変革への前提条件が生まれることを、マルクスは、次のような言葉で指摘します。

「こうして資本は、一方では、社会の一部分による、他の部分を犠牲にしての、強制と社会的発展（その物質的および知的諸利益を含む）の独占化とが見られなくなる一段階をもたらす。他方では、このこと［★］は、社会のいっそう高度な一形態において、この剰余労働を物質的労働一般にあてられる時間のいっそう大きな制限と結びつけることを可能にする諸関係のための、物質的諸手段、およびその萌芽をつくりだす」（『資本論』⑬一四三四ページ）

★　テキストを一部訂正しました。「このこと」は前に引用した先行の文章でのべた、資本主義制度のもとでの社会発展についての叙述の全体を指した言葉です。

マルクスは、ここで、資本主義制度が、一方では、剰余労働の搾取を乗り越える社会発展の「一段階」をもたらす、すなわち、社会変革を必然のものとすることを指摘すると同時に、他方では、この社会発展のなかで、労働時間の大幅な短縮を「可能にする諸関係」のための「物質的諸手段、およびその萌芽をつくりだす」こと、言いかえれば、この側面からも未来社会を準備する役割を果たすことを、明らかにしたのです。こうして、資本主義的生産が未来社会への移行の準備をする役割を果たすことを、剰余労働搾取の体制を克服する必然性と、労働時間短縮の条件づくりとの両面から解明したあとで、マルクスは、「自由の国」と「必然性の国」という、『資本論』およびその諸草稿でも、ここではじめて登場する言葉を使って、いよいよ未来社会の本論、その発展の論理の展開に進みます。

「自由の国」と「必然性の国」

解説に入る前に、未来社会論の本論を読んでおきましょう。マルクスの文章では、全体が行換えなしで続いているのですが、解説の都合上、四つの段落に区分して番号をつけました。

(1)「自由の国は、事実、窮迫と外的な目的への適合性とによって規定される労働が存在しなくなるところで、はじめて始まる。したがってそれは、当然に、本来の物質的生産の領域の彼岸にある」

(2)「未開人が、自分の諸欲求を満たすために、自分の生活を維持し再生産するために、自然と格闘しなければならないように、文明人もそうしなければならず、しかも、すべての社会諸形態において、ありうべきすべての生産諸様式のもとで、彼〔人〕は、そうした格闘をしなければならない。彼の発達とともに、諸欲求が拡大するため、自然的必然性のこの国が拡大する。しかし同時に、この諸欲求を満たす生産諸力も拡大する」

(3)「この領域における自由は、ただ、社会化された人間、結合した生産者たちが、自分たちと自然との物質代謝によって――盲目的な支配力としてのそれによって――支配されるのではなく、この自然との物質代謝を合理的に規制し、自分たちの共同の管理のもとにおくこと、すなわち、最小の力の支出で、みずからの人間性にもっともふさわしい、もっとも適合した諸条件のもとでこの物質代謝を行なうこと、この点にだけありうる。しかしそれでも、これはまだ依然として必然性の国である」

（4）「この国の彼岸において、それ自体が目的であるところの人間の力の発達が、真の自由の国が――といっても、それはただ、自己の基礎としての右の必然性の国の上にのみ開花しうるのであるが――始まる。労働日の短縮が根本条件［土台――マルクスの草稿での表現］である」（第三部第七篇「第四八章　三位一体的定式」⑬一四三四～一四三五ページ　太字は不破）

この文章は、いろいろな意味で、『資本論』の最初の草稿（『五七～五八年草稿』）の執筆開始（一八五七年）以来、マルクスが続けてきた未来社会論探究の到達点を示すものです。

マルクスは、その到達点を、「自由の国」と「必然性の国」という独特の概念で表現しました。これは、『資本論』第三部のこの文章ではじめて登場する概念です。

「自由の国」、「必然性の国」とはなにか。それは、人間の生活時間の区別なのです。物質的労働、社会が必要とする生産活動にたずさわっている時間が「必然性の国」、それ以外の、何に使ってもよい、自分の自由にできる時間が「自由の国」、これがマルクスの与えた定義です。

マルクスは、未来社会の労働の楽しさをあれだけ強調していたではないか。それをどうして「自由の国」と呼ばないのか？　そういう疑問がおこるかもしれません。

それにはまず、第一段落の文章を読んでみてください。

「必然性の国」での人間の活動、すなわち、労働を、ここでは、「窮迫と外的な目的への適合性とによって規定される」活動と特徴づけています。「労働」は、どんな社会でも、「窮迫」と特徴づけた生活上の困難や、社会生活上のいろいろな必要（「外的な目的」）を満たすために、社会的に必要とされる活動なのです。自分の生活、社会の生活を維持しようと思ったら、だれでも、一定の労働の義務をはたさなければなりません。未来社会では、労働の性格は根本的に変わって、搾取社会には経験できなかった楽しい活動に変わるでしょう。しかし、そうであっても、この活動が、社会の構成員にとっての社会的な義務だという特質はかわらない。そのことを、マルクスは「必然性の国」という言葉で特徴づけたのでした。

マルクスが言う「自由の国」は、その領域の外にあります。人間が、物質的労働に参加するという社会的な義務から解放された時間、完全に自分が時間の主人公となって、何でも自由にできる時間、生活時間のなかのこの部分をマルクスは「自由の国」と名づけたのでした。社会のすべての人間がこういう時間を持つようになる、ここには、「生産手段の社会化」が人類史上はじめて開く、もっとも輝かしい展望があると言ってよいでしょう。

「必然性の国」と「自由の国」、この区別を、まずしっかり頭にいれてください。

第二段落では、「必然性の国」の変化を、人類社会の歴史からふりかえります。人間の欲望の発展は「必然性の国」を拡大する方向で働きます。一方、生産力の発展は、この「国」を圧縮する方向で作用します。

第三段落は、いよいよ未来社会での人間生活の分析です。この段落は、先に（本書七五〜七六ページ）、そこだけをとりだして、未来社会における労働の性格の変化として読んだところです。労働は、本来の人間的性格をとりもどします。しかし、過酷な搾取のくびきから解放されて、労働がどんなに楽しい、人間的な活動に変わったとしても、それが、やらなければならない活動、社会の維持と発展のための、社会の構成員の不可欠の任務だという義務的性格に変わりはありません。だから、マルクスは言うのです。

「しかしそれでも、これはまだ依然として必然性の国である」

未来社会の発展法則が定式化されている

第四段落。ここは、短いがもっとも重要なところなので、その全体をもう一度紹介します。

「この国の彼岸において、それ自体が目的であるところの人間の力の発達が、真の自由の国が——といっても、それはただ、自己の基礎としての右の必然性の国の上にのみ開花しうるのであるが——始まる。労働日の短縮が根本条件〔土台——マルクスの草稿での表現〕である」

「自由の国」は「必然性の国」の彼岸にある。この「国」では、人間は休息もできるし、さまざまなレジャーを楽しむこともできます。それが自由だからこそ、「自由の国」なのです。同時に、それは、すべての人間が自分の能力を発達させる時間をもつということです。「時間は人間の発達の場だ」と喝破したマルクスの言葉を思い出してください（『賃金、価格および利潤』）。もちろん、未来社会は、そのために必要な諸条件を準備することに、必要なあらゆる努力をおこなうでしょう。未来社会における「自由の国」とは、「人間の力の発達」それ自体が目的となる「国」なのですから。

こうして、すべての人間に人間的発達への時間と機会が保障される未来社会は、人類が持っている潜在力が限りなく発揮される社会となるでしょう。知的な領域をとれば、「自由の国」で、科学の新しい分野が切り開かれ、新しい発見で人間知識の発展と拡大が進めば、それは必ず世界に働きかける技術の新たな発達に実を結び、そのことが、「必然性の国」、すなわち物質的生産の領域に反作用をおよぼすでしょう。その結果、生産諸力が新たな発展を獲得すれば、それがまた労働時間の短縮をもたらして「自由の国」を拡大させる、こういう弁証法的相互作用が、未来社会の発展法則となるのです。

マルクスがいまの文章で、〝「自由の国」は「必然性の国」の上にのみ開花する。しかし、その根本条件は「必然性の国」における「労働時間の短縮」である〟と書いたのは、この発展的な相互関係を、簡潔だが力強い言葉で表現したものでした。

この関係には、階級社会で見る、上部構造と経済的土台の関係を思わせるものがあります。資本主義社会では、利潤第一主義が発展の原動力ですから、発展の推進力は経済的土台にあります。しかし、未来社会では、「自由の国」での人間の能力の発達が、物質的生産の領域、「必然性の国」に作用して、生産力の新たな発展をひき起こすのです。

社会発展の原動力が、物質的生産という土台から、「自由の国」という上部構造に移る、それは、人類の歴史の大転換だと言ってもよいでしょう［★］。

★　マルクスの草稿から　マルクスの草稿を見ると、最後の文章の「労働日の短縮が根本条件である」というのはエンゲルスの訂正で、草稿では、「労働日の短縮が土台である」になっていました。マルクス自身も、この文章を書くときに、階級社会における土台＝上部構造の関係との対比が頭にあったのかもしれません。あくまで不破の勝手な想像の域を出ない連想ですが。

3　「人類社会の本史」の幕が開く

マルクスは、『経済学批判』（一八五九年）の「序言」で、人類社会の過去をふりかえり、未来を展望したとき、最後の階級社会である資本主義社会から未来社会に足を踏み出すことを、人類社会の「前史」から「本史」への転換と意義づけました。

「大づかみに言って、アジア的、古代的［★］、封建的、および近代ブルジョア的生産様式が、経済的社会構成体の進歩していく諸時期として特徴づけられよう。ブルジョア的生産諸関係は、社会的生産過程の最後の敵対的形態である。敵対的というのは、個人的敵対という意味ではなく、諸個人の社会的生活諸条件から生じてくる敵対という意味である。しかしブルジョア社会の胎内で発展しつつある生産諸力は、同時にこの敵対を解決するための物質的諸条件をもつくりだす。それゆえ、この社会構成体をもって人類社会の前史は、終わりを告げる」（『経済学批判』への「序言」　古典選書『「経済学批判」への序言・序説』一五〜一六ページ、全集⑬七ページ）。

★　アジア的、古代的　この「アジア的」は原始共産主義の社会を、「古代的」は奴隷制社会をさしています。

未来社会の研究、なかでも、人間の発達が社会発展の原動力となるというマルクスの予見は、未来社会とともに、人類がその「本史」に足を踏み入れる壮大な展望を、きわめて深い内容をもって、あらためて示し意義づけたものだと思います。ここまで未来社会の全容をとらえてみると、「序言」で「人類社会」の「前史」と「本史」を対比した意味がより鮮明に浮かび上がってくるのではないでしょうか。

....

（参考研究）マルクスの探究の歴史を見る

人間の「自由」を中心とした未来社会論は、マルクスが『資本論』にいたる最初の草稿である『五七～五八年草稿』の段階から一貫して探究してきた主題でした。この歴史をたどると、マルクスが、この主題を未来社会論の核心をなすものとして位置づけてきたことが、よくわかります。ここで、その歴史の主要点を概観しておきましょう。

『五七～五八年草稿』

労働時間の短縮を未来社会の中心に位置づける未来社会論は、『五七～五八年草稿』から始まりますが、この草稿でも、最初からそういう構想が提起されていたわけではありません。マルクス自身が、研究をすすめるなかで、一歩一歩、未来社会論を開拓してゆくのです。

「労働時間の節約」は、未来社会の中心問題

第一の命題：

『五七～五八年草稿』の冒頭部分、商品論から貨幣論に進んだ部分、すなわち、まだ資本主義的搾取の分析にはいる前の部分ですが、そこで、未来の「共同社会」についての最初の考察がはじまります。

「共同社会的生産が前提されているばあいでも、時間規定はもちろんあいかわらず本質的なものでありつづける。社会が小麦や家畜などを生産するために必要とする時間が少なければ少ないほど、社会はますます多くの時間をその他の生産、物質的または精神的な生

産のために獲得する。個々の個人のばあいと同じく、社会の発展の、社会の享受の、そして社会の活動の全面性は、時間の節約《エルシユパルンク》、すなわち時間の経済《エコノミー》にかかっており、すべての経済《エコノミー》は結局のところそこに帰着する［★］。社会が自己の諸必要全体に即応する生産を達成するためには、その時間を合目的的に分割しなければならないのは、個々人が、適切なわりふりでもろもろの知識を得たり、あるいは彼の活動にたいするさまざまの要請に満足をあたえたりするために、彼の時間を正しく分割しなければならないのと同様である。したがって時間の経済は、生産のさまざまな部門への労働時間の計画的配分と同様に、共同社会的生産の基礎のうえでもあいかわらず第一の経済法則でありつづける。それどころか、共同社会的生産の基礎のうえで、それが法則となる程度は、はるかに高くなるのである」（『資本論草稿集』①一六二ページ）。

★「経済」と「節約」　マルクスは、ドイツ語のエコノミーが「経済」と「節約」の二つの意味を持っていることに着目して、この文章を書いています。

ここでは、共同社会あるいはそれ以前の社会における労働時間の各部門への配分の重要性が問題の中心点で、まだこの面での階級社会の批判やその社会段階を乗り越えた「共同社会」の特徴などについて、本格的な説明はおこなわれていません。ただ「時間の経済」が法則となる程度が、階級社会にくらべて「はるかに高くなる」という指摘だけです。

第二の命題：

マルクスは、資本主義的搾取の本質およびそれを基礎にした資本の運動の解明を進めたあと、もう一度「時間の経済」の問題にかえります。

「真実の経済《エコノミー》――節　約《エルシユパルンク》――は、労働時間の節約（生産費用の最小限〈と最小限への縮減〉）にある。だがこの節約は生産力の発展と一致している。だからそれは、享受を断念することではけっしてなく、生産のための力、能力を発展させること、だからまた享受の能力をもその手段をも発展させることである。享受の能力は享受のための条件、したがって享受の第一の手段であり、またこの能力は個人の素質の発展であり、生産力である。労働時間の節約は、自由な時間の増大、つまり個人の完全な発展のための時間の増大に等しく、またこの発展は、それ自身がこれまた最大の生産力として、労働の生産力に反作用を及ぼす。……余暇時間でもあれば、高度な活動のための時間でもある、自由な時間は、もちろんそれの持ち手を、これまでとは違った主体に転化してしまうのであって、それからは彼は直接的生産過程にも、このような新たな主体としてはいっていくのである」（『資本論草稿集』②四九九～五〇〇ページ）

ここでは、未来社会の問題が直接とりあげられているわけではありませんが、人間が「自由な時間」をもつことの意義が正面から問題にされているのが、重要な点です。「自由な時間」を持つ人間は、生産過程にも「新たな主体」として入ってゆく――この文章には、先ほど見た「自由の国」での発展が「必然性の国」の発展の原動力となるという『資本論』での分析を予感させる響きがあるではありませんか。

『六一～六三年草稿』

次の草稿である『六一～六三年草稿』では、二つの大きな発展がありました。

社会の上部構造と労働者からの「自由な時間」の略奪

第一の発展は、剰余価値の搾取とは、労働者のもつべき「自由な時間」の資本家による略奪であるという、搾取の本質にかかわる命題を提起し、剰余価値論を、階級社会全体の歴史的批判に発展させ、来るべき社会変革の文明史的意義を明らかにしたことです。

マルクスは、「絶対的剰余価値」（一八六一年執筆）の一節の全体をこの問題にあてました（「e　剰余労働の性格」『資本論草稿集』④二九六～三〇一ページ）。これに相当する分析は、『資本論』にも他の著作にもありませんから、『六一～六三年草稿』のなかのたいへん貴重な一節ですが、かなりの長文ですから、核心をなす結論的な部分だけを紹介しておきます。

「労働せずに（……）生きていく人々が少しでもいるような社会が存在する場合には、社会の上部構造の全体が労働者の剰余労働を存在条件としていることは明らかである。

……余暇のためであろうと、直接には生産的でない諸活動（たとえば戦争や国家機関）の遂行のためであろうと、直接的に実用的な目的を追求するのではないような人間の諸能力や社会的諸力能（芸術等々、学問）の発展のためであろうと、彼らが思うがままに処分できる自由な時間は、労働する大衆の側での剰余労働を前提する。すなわち、労働大衆は彼ら自身の物質的生活の生産に必要である以上の時間を物質的生産のなかで使わなければならない、ということを前提するのである。……一方の側での人間諸能力の発展は、他方の側での発展を押し止めるような制限を基礎としている。これまでのすべての文明や社会的発展は、これらの敵対を基礎としている」（同前二九六ページ）

「この剰余生産物が、労働する階級以外の生活しているすべての階級の、社会の全上部構造の、物質的な存在基盤なのである。この剰余生産物は同時に時間を自由にして〔時間をつくって〕、これらの階級に、〔労働する能力以外の〕そのほかの能力の発展のための、思うままに処分できる時間を与える。……一方の側での自由な時間が他方の側での隷属化された時間に対応するのである」（同前二九七ページ）。

人間生活における「自由な時間」の意義

第二の発展は、マルクスが、匿名（当時）のパンフレット『国民的苦難の根源とその救済……』（一八二一年）への論評（一八六二年一〇月執筆）のなかでおこなわれました（同前⑦

二八八～三一四ページ）。

このパンフレットは、資本主義的生産を生産の絶対的な諸形態とみなすリカードゥ［★］の主張を攻撃する立場で書かれたものでしたが、経済学的にはこの匿名者自身も「リカードゥ的な地盤」の上に立っており、その枠内で個々の問題で労働者階級の利益を擁護する、という性格を持ったものでした。

★　リカードゥ、デーヴィッド（一七七二～一八二三）イギリスの経済学者で、古典派経済学の代表者。

マルクスは、そういう角度でパンフレットの批判的検討を進めますが、最後に、次の一節が彼の注意をひきました。

「一国が真に富裕であるのは、一二時間ではなく六時間だけ労働がなされるときである。富とは、自由に利用できる時間であって、それ以外のなにものでもない」（同前三一三ページ）

理論的に裏づけられた命題ではないのですが、筆者が、労働時間の一二時間から六時間への短縮という提案を大胆に提起し、富とは「自由に利用できる時間」だという命題を前面に押し出したことが、マルクスの理論的意欲をつよく刺激したのだと思います。筆者への評価と批判を交えながら、続くページで、未来社会で「自由な時間」のもつ意義について、自分の見解を詳細に展開するのでした。

その中心点は、次の通りです。

「万人が労働しなければならず、過度に労働させられる者と無為に過ごす者との対立がなくなるならば……そしてさらに、資本が生みだした生産力の発展を考慮に入れるならば、社会は、必要な物の豊富さを、いま一二時間で生産している以上に六時間で生産するであろうし、同時に、万人が六時間の『自由に利用できる時間』を、真の富を、もつであろう。この時間は、直接的に生産的な労働によって吸収されないで、享楽に、余暇に、あてられ、したがって自由な活動と発展とに余地を与える。時間は、諸能力などの発展のための余地である」（同前三一二～三一三ページ）

「自由な時間、自由に利用できる時間は、富そのものである――一部は生産物の享受のための、一部は自由な活動のための。そして、この自由な活動は、労働とは違って、実現されなければならない外的な目的の強制によって規定されてはいないのである。この目的の実現が自然必然性であろうと、社会的義務であろうと。

自明のことであるが、労働時間そのものは、それが正常な限度に制限されることによって、さらにそれがもはや他人のためのものではなく自分自身のためのものとなり、同時に雇い主対雇い人などの社会的な諸対立が廃止されることによって、現実に社会的な労働として、最後に自由に利用できる時間の基礎として、まったく別な、より自由な性格をもつようになり、そして、同時に、自由に利用できる時間をもつ人でもある人の労働時間は労働するだけの人間の労働時間よりもはるかにより高度な質をもつにちがいないのである」（同前三二四ページ）

『資本論』の現在の文章より、はるかにわかりやすく述べられていますから、それ以上の解説はあえておこないませんが、マルクスの未来社会論が、この時点で第三部での展開にきわめて接近した地点まで深められてきました。そこには、「自由に利用できる時間をもつ人でもある人の労働時間は労働するだけの人間の労働時間よりもはるかにより高度な質をもつ」という指摘をはじめ、『資本論』の文章では触れられていない強調点などもかなり見受けますから、未来社会論の研究にとってたいへん貴重な文章だと思います。

先ほど見た『資本論』第三部第七篇冒頭の文章で、マルクスは、これらの理論的検討の歴史をふまえ、新たな「自由の国」と「必然性の国」という理論的整理をおこなうことによって、未来社会論をさらに大きく発展させたのでした。

第三篇　国家の死滅と過渡期

第一章　国家の死滅の展望

次に、未来社会の政治構造の問題を取り上げたいと思います。

『共産党宣言』と国家の消滅の展望

マルクスは、国家を、階級社会において、支配階級が支配される諸階級を抑圧する機関と意義づけていましたから、未来社会への道がひらかれ、階級もそのあいだの対立もない社会が実現した時には、国家はその任務と役割を失っておのずから消滅してゆく存在と位置づけていました。

マルクスが、その展望について、最初に語ったのは、著作『哲学の貧困』（一八四七年）のなかででしたが［★］、翌年、エンゲルスと共同で執筆した『共産党宣言』では、国家消滅への過程を、より明確につぎのように説明しました。

「発展の過程で、階級の差異が消滅して、すべての生産が連合した諸個人の手に集積されると、公的権力《ゲヴァルト》は政治的性格を失う。本来の意味での政治的権力《ゲヴァルト》は、一つの階級が他の階級を抑圧するための組織された強力《ゲヴァルト》である。プロレタリアートが、ブルジョアジーにたいする闘争において、必然的にみずからを階級に結合し、革命によってみずからを支配階級とし、そして支配階級として強力的《ゲヴァルトザーム》に古い生産諸関係を廃止するときに、プロレタリアートは、この生産諸関係とともに、階級対立の、諸階級そのものの存在諸条件を、したがってまた階級としてのそれ自身の支配を廃止する。

階級および階級対立をもつ古いブルジョア社会の代わりに、各人の自由な発展が、万人の自

由な発展のための条件である連合体《アソツィアツィオーン》が現われる」（古典選書八六ページ、全集④四九五～四九六ページ）

★『哲学の貧困』での規定　それは、つぎのように、ごく簡潔な、事態の本質をしめしただけの規定でした。

「労働者階級は、その発展の過程において、諸階級とその敵対関係を排除する一つの共同社会をもって、ふるい市民社会におき代えるであろう。そして、本来の意味での政治権力はもはや存在しないであろう。なぜなら、まさに政治権力こそ、市民社会における敵対関係の公式の要約だからである」（全集④一九〇ページ）

『哲学の貧困』の執筆は一八四七年一月～四月とされ、刊行は七月でした。マルクス、エンゲルスの共産主義者同盟（最初の名称は正義者同盟）への参加は、その過程で始まり、四七年一二月～四八年一月に二人で『共産党宣言』を執筆したのでした。国家の消滅の展望についての二つの記述を比較して読むと、この短い期間に、二人が共産主義の革命理論をいかに画期的に発展させたかが、よくわかります。

ここではまだ、国家の消滅を、生産手段の社会化の実現など、未来社会の確立の過程で国家が消滅に向かうという大きな方向の確認にとどまり、その過程の内容についてのよりたちいった議論は、まだ問題になりませんでした。ただ、社会的変革の実現には、労働者階級が国家権力をにぎり、生産手段の社会化などの変革を国家の行為としておこなう必要があること、国家の消滅は、そのあとで問題になってくる課題であることは、多くの社会主義者のあいだで共通の認識となってゆきました。

バクーニンの〝即時無政府〟論との闘争

『共産党宣言』のほぼ二〇年後のことです。労働者運動の国際組織・インタナショナル（国際労働者協会）が一八六四年九月の国際会議で結成され、マルクスは、その指導部の中心的役割をになって活動していました。そこで、国際組織の乗っ取りの悪巧みをもって加盟してきたバクーニン［★］一派とのあいだで、激烈な闘争が起こりました。

★　バクーニン、ミハイル・アレクサンドロヴィチ（一八一四～七六）　ロシアの革命家。西ヨーロッパに亡命して、一八四八～四九年のドイツ革命に参加。エンゲルスが「われわれの友人」と位置づけながら、「新ライン新聞」紙上で、その汎《はん》スラヴ主義にたいし、詳細な批判を加えました（「民主的汎スラヴ主義」一八四九年　全集⑥二六六～二八四ページ）。バクーニンは、いろいろな思想的変遷を経たのち、一八六〇年代中ごろには、無政府主義に転じました。そして、当時、国際的な労働者運動のなかで大きな役割を果たしていたインタナショナルに注目し、一八六九年、これを乗っ取る目的でインタナショナルに加入、内部に秘密の国際的分派組織をつくって陰謀的な破壊活動に狂奔《きょうほん》、一八七二年、インタナショナル最後の大会で除名されました。その四年後、スイスのベルンで死亡します。

バクーニンの旗印は「無政府主義」でした。革命が起こったら、ただちに政府を廃止しろ、というのです。社会主義の中心問題である生産手段の社会化は、労働者階級が国家をにぎって、国家の行為として実行する以外に方法がありません。ところが、バクーニンは、それをすべて否定して、国家こそ悪の根源だ、だから革命は国家の廃止から始めるべきだ、というのです。そして、インタナショナルの内部に秘密の国際組織をつくり、内部から組織を壊す国際的な破壊活動にのりだしました。

一八七〇年代のはじめ、ヨーロッパは一八七〇年、フランス＝プロイセン戦争でのフランスの敗北以後、政治的には大激動の時期を迎えました。敗戦とボナパルト政府の崩壊のあと、急遽成立したブルジョア政府は首都パリからボルドーに逃げ、そのパリで七一年三月、市民によるコミューン革命が起きたのです。フランス政府は、五月、軍隊を大規模に動員して大虐殺でパリ・コミューンを潰し、勢いにのったヨーロッパ大陸の諸政府は共同してインタナショナルへの弾圧にのりだしました。

この情勢を策動の好機と見て、バクーニンらの乗っ取り策動はいちだんと激しさをまします。インタナショナルは、労働運動の諸潮流の共同を最大の特徴とする組織で、マルクス主義の立場に立った組織ではありませんでしたが、こういう状況のもとで、バクーニンらの〝即時無政府〟論との闘争は、インタナショナル自身の重要な課題となってきました。

この闘争について、インタナショナルの総評議会は、一八七二年五月、非公開の回状「インタナショナルのいわゆる分裂」［★］を各国の組織におくりました。「回状」は、バクーニンの〝即時無政府〟論に、次のような批判をくわえました。

★ 非公開の回状　一八七二年一月〜三月にマルクスとエンゲルスが共同で執筆、総評議会の全員が署名して、各組織に送られた文書です。

「無政府こそは、社会主義諸体系からただそのレッテルだけをとってきた彼らの師匠バクーニンの十八番である。社会主義者はみな、無政府ということばを次のように理解している。すなわち、プロレタリア運動の目標である階級の廃止がひとたび達成されたならば、生産に従事する大多数の人々を、わずかな搾取する少数者のくびきのもとにとどめるのに役だっている国家権力は消滅し、政府の機能はたんなる管理の機能に転化するということである。同盟は事柄をさかだちさせる。それは、プロレタリアの隊列内の無政府こそは、搾取者の手に強力に集中された社会的、政治的な力を打ち破る最も確実な手段だと宣言するのである」（全集⑱四四ページ）

バクーニンは、一八七〇年に、フランスでその〝即時無政府〟論を実行に移して大失敗をやったのでした。

フランスの敗戦直後の混乱のなかで、パリに先立って、七〇年九月、フランス第二の都市リヨンで、民衆の決起が起こったのです。それを聞きつけたバクーニンは、リヨンにかけつけ、現地にいた仲間と組んで運動の指導権をにぎり、市庁舎に陣どって〝即時無政府〟論の実行をはじめたものの、結果は、聞くも無残な結末に終わりました。

この事件のいきさつは、「回状」でもふれていますが（同前一五ページ）、イタリアの一社会主義者にあてたエンゲルスの手紙の方が、経過がよくわかるので、そちらの方を紹介しましょう。

「一八七〇年九月のリヨンの蜂起は、暴力的に消しとめられたが、当時彼［バクーニンのこと――不破］は、市庁舎《オテル・ド・ヴィル》で、国民兵のブルジョアジー全部にたいして、なんらの措置をもとらずに国家の廃止を発布したが、彼らはやすやすと市庁舎にもどってきて、バクーニンを追放し、一時間とたたぬうちに国家を復活させたのです」（「エンゲルスからカフィエロへ」一八七一年七月一日〔～三日〕 全集㉝五三八ページ）

要するに、バクーニンは、決起した民衆の代表者然として市庁舎に乗り込み、「国家の廃止」についての布告をおごそかに宣言したものの、肝心の国家機構についてはなんの手も打たず、廃止したはずの「国家」に属する数名の国民兵の手で市庁舎から追放されて、民衆の決起も終わりにしてしまったのでした。

国家の死滅とは――しだいにねむりこんでゆく過程

パリ・コミューンの経験は、社会革命の開始後の諸問題をよりたちいって研究する機会をマルクスにあたえました。それが、やがて過渡期論として実を結ぶのですが、そこから出てくる重要な結論の一つは、国家が生産手段の社会化の実現とともにただちに消滅するのではなく、国家の消滅までには一定の期間（過渡期）が必要だ、という問題でした。

マルクスが到達した過渡期論そのものについては第二章の主題としますが、このことを踏まえた国家消滅論を、エンゲルスが『反デューリング論』（一八七六～七八年）およびそのダイジェスト版である『空想から科学へ』（一八八〇年）のなかで叙述しているので、その部分を紹介しておきましょう。この論文は、マルクスの要請にもとづき、執筆過程でもマルクスと協議しながら進めたものですから、国家論の部分についても、マルクスが到達した過渡期論が十分に反映しているものとして読むことができると思います。

「国家は最後に実際に全社会の代表者になることによって、それは自分自身をよけいなものにする。抑圧しておくべき社会階級がもはやなくなるやいなや、階級支配や、従来の生産の無政府状態にもとづく個人的生存競争とともに、それから生ずる衝突や乱暴がとり除かれるやいなや、特別な抑圧権力である国家を必要とするような、抑圧すべきものがもはやなにもなくなる。国家が現実に全社会の代表としてあらわれる最初の行為——社会を代表しての生産手段の掌握——は、同時に国家としての国家の最後の自主的な行為である。社会的諸関係への国家権力の介入は、一つの分野から他の分野へとつぎつぎによけいなものになり、やがてひとりでにねむりこんでしまう。人にたいする統治にかわって物の管理と生産過程の指導があらわれる。国家は『廃止される』のではなくて、それは死滅するのである」（古典選書『空想から科学へ』八七ページ［★］）。

★　この部分は、『反デューリング論』と『空想から科学へ』が同文なので、引用は、古典選書『空想から科学へ』からおこないました。

この文章で特徴的な点は、「社会を代表しての生産手段の掌握」を「国家としての国家の最後の自主的な行為」として意義づけながら、それをもって国家の消滅とはせず、そのあとに「社会的諸関係への国家権力の介入」がつづき、「一つの分野から他の分野へとつぎつぎによけいなものになり、やがてひとりでにねむりこんでしまう」とし、その経過の全体を国家が「死滅する」過程として性格づけていることです。また、エンゲルスが「廃止」ではなく「死滅」だとわざわざ断り書きをしていることも、エンゲルスがかつて、「国家の廃止」という用語で科学的社会主義の未来社会論を説明したことがあるだけに［★］、とくに注意して読みとるべきところだと思います。

★　エンゲルス『住宅問題』（一八七二～七三年）の次の一節です。
「階級の廃止、それとともに国家の廃止にいたる過渡期としてプロレタリアートの執権が必要であると説くドイツの科学的社会主義の見解」（全集⑱二六二ページ）。

国家消滅後の共同社会について（マルクスのバクーニン反論）

バクーニンは、一八七二年九月の大会でインタナショナルがヨーロッパでの活動を終結させてのちも、執拗にマルクス攻撃をつづけました。一八七三年に刊行された『国家制と無政府』はその代表的なもので、マルクスは公的な反論はおこなわなかったものの、この著作はすぐ手に入れて、ノートに批判的な「摘要」を書きつけました（このノートは、今後、『バクーニン・ノート』と略称することにします）。

興味深いのは、バクーニンが、そのなかで〝即時無政府〟論の立場からではなく、マルクスがめざす未来社会は「無政府」ではなく「政府」存続論ではないかという立場から、マルクス批判をおこなっていることです。そして、それにたいするマルクスの反論の内容が、ほかの場所では読めない未来社会論をふくんでいるのです。

ここは内容が事実上、二人の机上討論となっていますから、その一部を、バクーニン対マルクスの対話的論争に編集して紹介しましょう［★］。

★　マルクスが引用したバクーニンの文章をバクーニンの発言とし、その部分に書き込んだ反批判をマルクスの発言とした、という意味です。

バクーニン　［支配身分にまで高められた］プロレタリアートとは、これはどういうことか？

マルクス　それはつまり、プロレタリアートが、個別的に経済的特権階級とたたかうかわりに、彼らにたいする闘争で一般的な強制手段を用いるだけの力と組織をかちとったということである。だが、プロレタリアートが用いることのできるのは、賃金労働者としての、したがって階級としての彼ら自身の性格を揚棄《ようき》するような、経済的手段だけである。だから彼らが完全に勝利するとともに、彼らの階級としての性格は終わりをつげるのだから、彼らの支配もまた終わりをつげる。

バクーニン　おそらくプロレタリアート全体が政府の先頭に立つことになるのだろうか？

マルクス　たとえば労働組合の場合、組合全体がその執行委員会を形成するのだろうか？　工場での分業がすっかりなくなり、分業から発生するさまざまの機能もまたなくなるのだろうか？

バクーニン　ドイツ人はほぼ四〇〇〇万人を数える。たとえば四〇〇〇万人全部が政府の要員になるのだろうか？

マルクス　まさにそのとおり！　事は共同体の自己統治に始まるからである。

バクーニン　そうなれば政府はなくなり、国家はなくなるだろう。しかし国家があるとすれば、統治者と奴隷もまたいることになるだろう。

マルクス　これはただ、階級支配が消滅すれば、今日の政治的な意味での国家はなくなるということである。

バクーニン　マルクス主義者の理論では、このディレンマは簡単に解ける。彼らは人民統治を、人民によって選ばれた（選挙された）少数の代表者による人民の統治と解している。

マルクス　ばかな！　この民主主義のたわごと、政治的空念仏《からねんぶつ》！　選挙は、どんな小さなロシアの共同体《コミューン》でおこなわれようと、アルテリ［★］でおこなわれようと、やはり政治形態である。選挙の性格は、この名まえにかかっているのではなく、経済的基礎に、選挙人相互の経済的関連にかかっている。これらの機能が政治的であることをやめるやいなや、（一）統治機能は存在せず、（二）一般的機能の分担はなんらの支配をも生じない実務上の問題となり、（三）選挙は今日のような政治的性格をまったく失う。

★　アルテリ　ロシアにおける、農民など小生産者の経済的な共同組織のこと。

バクーニン　普通選挙権というのはマルクス主義者の最後のことばだが、それは、「人民の意志」という看板で統治する少数者の専制をおおいかくす危険なウソだ。

マルクス　集団所有のもとではいわゆる人民の意志は消えうせ、協同組合の現実的な意志に席を譲ることになる。

バクーニン　そこでは特権的少数者が、一般の労働者の世界を「国家」の高みから見下ろして、人民の大多数を指導することになる。これを疑うものは、人間の本性を知らないものだけだ。

マルクス　バクーニン氏がせめて労働者協同組合工場の管理者の地位について知っていたとしたら、支配についての彼の迷夢《めいむ》は吹き飛んでしまっただろうに。この労働者国家――彼がそう名づけたければ――の基礎のうえでは、管理機能はどんな形態をとりうるかと自問したはずである（全集⑱六四三～六四五ページ）。

系統だった解説ではありませんが、それだけに、バクーニンの悪意ある設問に対応するマルクスの回答のなかから、マルクスが描く、国家消滅後の未来社会の状況が、かなり具体的な姿をもって浮かび上がってくるのではないでしょうか。『バクーニン・ノート』はあまり広くは読まれない文献だけに、ここでの紹介をマルクスの描く未来社会像の理解に役立ててもらえれば、ありがたいと思います。

第二章　「過渡期」の問題――『資本論』以後の展開

過渡期――以前の著作での説明を訂正する

過渡期の問題にはいりますが、この問題では、以前の著作での私の説明に、訂正を必要とする点があったことの報告から、話を始めなければなりません。

この問題では、私はこれまで、マルクスの三つの文章とその関連に注目してきました（それぞれの文章は、次の節で全文を紹介します）。

第一の文章は、『資本論』第一部の「資本主義的蓄積の歴史的傾向」の節（第七篇第第二四章第七節）にある、生産手段の社会的所有の成立に要する歴史的時間は、資本主義的な私的所有の成立に要した時間よりも、「比較にならないほど」短いことを指摘した文章です。

第二の文章は、『フランスにおける内乱』とそれを準備した「第一草稿」でのマルクスの研究

（一八七一年）で、そこでは、未来社会の生産諸関係の成立に、「新しい諸条件が発展してくる長い過程」が必要な点では、過去における奴隷制、封建制、資本主義の生産諸関係の成立の場合と同じだと、指摘されています。

第三の文章は、「ゴータ綱領批判」（一八七五年）における「過渡期」についての有名な定式です。第一の文章と第二の文章のあいだには、一見すると、明らかな評価の違いがあります。私はこれまで、それを、『資本論』第一部の成立の時点（一八六七年）から、『フランスにおける内乱』執筆の時点（一八七一年）にいたる過程でのマルクスの認識の発展ととらえて、ずっとそういう説明をしてきました［★］。

★　最近のものでは、『マルクス「資本論」——発掘・追跡・探究』（二〇一五年、新日本出版社）、『科学的社会主義の理論の発展』（二〇一五年、学習の友社）、『「資本論」探究　全三部を歴史的に読む　上』（二〇一八年、新日本出版社）。

この問題で、六月（二〇一八年）のはじめ、労働者教育協会副会長の牧野広義さんから、私の誤りを指摘する手紙をいただきました。私が引用している第一の文章は、『資本論』第一部の初版（一八六七年）ではなく、第二版（一八七三年）の文章で、それを『内乱』（一八七一年）の文章と対比してマルクスの理論的発展とする説は成り立たない、というご指摘でした。その際、マルクスは、第二版の刊行のさいに、この文章の一部に修正の手を加えていることについても、指摘がありましたました。そうなると、旧版の文章がそのまま残ったということはあり得ず、マルクスは、一八七三年の時点でも、新しい生産関係の成立の時期について、先の判断を維持していたことになります。

では、新しい生産関係の成立の時間的経過について、二つの文章における判断の違いを、どう理解すべきか。牧野さんの指摘を受けて、問題を研究しなおしたとき、私は、いっそう大きな誤りをしていたことに気づきました。『資本論』での文章と、『フランスにおける内乱』の文章は、それぞれ違う主題、違う時期を問題にした文章だったのです。その主題の違いを見落としていたところに、私の誤った解釈の一つの根源があったのでした。

問題を指摘された牧野さんに感謝の言葉を述べたうえで、先に挙げた三つの文章から、あらためて、マルクスの思考の発展をたどってゆきたいと思います。

（1）『資本論』第一部初版（一八六七年）での記述

「諸個人の自己労働にもとづく分散的な私的所有から資本主義的な私的所有への転化は、もちろん、事実上すでに生産手段の社会的利用［★］にもとづいている資本主義的所有からの社会的所有への転化よりも、比較にならないほど長くかかる、より苦しい、より困難な過程である。まえの場合には少数の横奪者による人民大衆の収奪が行なわれたが、あとの場合には人民大衆による少数の横奪者の収奪が行なわれる」（『資本論』第一部第六章「（二）本源的蓄積」④一三〇六～一三〇七ページ、傍点は不破）

★　第二版で、この「生産手段の社会的利用」の語が「社会的生産経営」に変更されたほか、若干の字句修正がおこなわれました。

この文章の主題は、生産手段の資本主義的所有から社会的所有への転化、すなわち、生産手段の社会化が実行される過程でした。それにどれだけの期間がかかるかは、一律には言えませんが、資本主義的所有の成立過程が数世紀にわたったことを考えれば、生産手段の社会化に要する期間が、「比較にならないほど」短いであろうことは、容易に推測できることでした。

そこではまだ、「生産手段の社会化」の実行以後の問題、すなわち、「生産手段の社会化」を実現して以後、新しい経済体制が完成した発展の軌道に乗るまでに、労働者階級がどういう問題に直面し、その解決にどれだけの時間を必要とするかという問題は、まだ提起されていませんでした。

それは、マルクス自身、その四年後（一八七一年三月）、パリ・コミューンで、「天をもおびやかす」労働者階級の大胆な挑戦［★］を目の前にして、はじめて研究に取り組んだ課題だったのです。

★　「天をもおびやかす」　パリ・コミューンの壮挙を見て、マルクスがクーゲルマンへの手紙（一八七一年四月一二日付）のなかで語った言葉です。「このパリの、天をもおびやかす巨人たち」（古典選書『マルクス、エンゲルス書簡選集・中』九八ページ、全集㉝一七四ページ）。

（2）過渡期の研究が始まる（一八七一年）
――パリ・コミューンを転機に

『フランスにおける内乱』第一草稿から

一八七一年三月一八日、パリが決起し、市民の選挙によってコミューン議会が成立、歴史上はじめての労働者階級の政府が誕生しました。マルクスはあらゆる手段を尽くして、コミューンとの連携を続けながら、四月、パリ・コミューンのこの経験を世界の労働者階級の共有財産とするために、インタナショナルの「呼びかけ」を発表することを総評議会に提案、ただちにその準備・執筆にとりかかりました。

そのとき、マルクスが書いた二つの準備草稿が残されて、全集に収録されていますが（全集⑰四六五～五七九ページ）、その量は、合わせると発表された「呼びかけ」（『フランスにおける内乱』）の二倍を大きく超えるもので、これを読むと、マルクスが、このとき、労働者階級の最初の政府として社会を統治する任務でなしとげたパリ・コミューンの仕事とその将来展望を、各分野にわたって、いかに徹底的に研究したかが、よくわかります。

私が注目するのは、マルクスが「第一草稿」で、コミューンを、「社会的解放の政治形態」、「労働手段の独占者たちの簒奪《さんだつ》（奴隷制）から労働を解放するための政治形態」と意義づけ、コミューンは「階級闘争を廃止するものではない」が、「この階級闘争が、そのさまざまな局面を最も合理的な、人道的なしかたで経過することのできるような合理的環境をつくりだす」ところに、コミューンの役割があると規定したことです（同前五一六～五一七ページ）。

そして、コミューン体制のもとで、階級と階級支配の廃止にむかって前進する場合、労働者階級がどのような問題に直面するかについての、詳細な検討に進みます。その中で、マルクスがいままで論じてこなかった問題、「生産手段の社会化」を実現したのちにぶつかるであろう問題の、立ち入った解明にのりだすのです。この問題は、マルクスがここで初めて提起し、その回答を打ち出した問題でした。

マルクスは、論じます。

「コミューンの組織がいったん全国的な規模で確立されたとき、おそらくその前途になお待っている災厄《さいやく》は、奴隷所有者の散発的な反乱であろう。それらの反乱は、平和な進歩の仕事をしばらく中断させはするが、社会革命の手に剣を握らせることによって、かえって運動を促進するだけであろう。

労働者階級は、彼らが階級闘争のさまざまな局面を経過しなければならないことを知っている。労働の奴隷制の経済的諸条件を、自由な結合的労働の諸条件とおきかえることは、時間を要する漸進的な仕事でしかありえないこと（この経済的改造）、そのためには、分配の変更だけでなく、生産の新しい組織が必要であること、言い換えれば、現在の組織された労働という形での生産の社会的諸形態（現在の工業によってつくりだされた）を、奴隷制のかせから、その現在の階級的性格から救いだす（解放する）ことが必要であり、その調和のとれた国内的および国際的な調整《コーディネイション》が必要であることを、彼らは知っている。この刷新の仕事が、既得権益と階級的利己心の諸抵抗によって再三再四押しとどめられ、阻止されるであろうことを、彼らは知っている」（同前五一七〜五一八ページ）

「奴隷制のかせ」からの解放

これは、「生産手段の社会化」を実現したのちに、生産体制の問題で社会が直面する課題についての、マルクスの初めての論及でした。

生産手段が資本の手から社会に移っても、それだけで経済的変革の課題が解決されるわけではなく、資本主義時代の「奴隷制のかせ」はまだ残っている、それを克服して、生産過程の内部での人間関係を、自由で平等な人間同士の協働関係に変えてこそ、本当の意味で未来社会にふさわしい経済的土台ができる、そこに次の段階で労働者階級が直面する大仕事がある、というのです。

これは、未来社会の建設には、制度的変革だけでなく、社会の主人公である人間自身の自己変革の過程も必要になります。これは、マルクスが新しい理論的領域に足を踏み出したことをしめす重要な問題提起でした。

ここで、思い出すのは、資本主義の職場における人間関係を、オーケストラでの音楽家同士の関係と比較した『資本論』でのマルクスの言葉です。

「比較的大規模の直接に社会的または共同的な労働は、すべて多かれ少なかれ一つの指揮を必要とするのであるが、この指揮は、個別的諸活動の調和をもたらし、生産体総体の運動――その自立した諸器官の運動とは違う――から生じる一般的諸機能を遂行する。バイオリン独奏者は自分自身を指揮するが、オーケストラは指揮者を必要とする。指揮、監督、および調整というこの機能は、資本に従属する労働が協業的なものになるやいなや、資本の機能となる。この指揮機能は、資本の独特な機能として、独特な特性をもつようになる」（『資本論』第一部第四篇「第一一章 協業」③五七五〜五七六ページ）

指揮機能が、資本の機能として持つこの「独特な特性」を、マルクスはつづく文章で、次のように説明します。

「資本家の指揮は、社会的労働過程の本性から発生し、この過程につきものの一つの特殊な機能であるだけではなく、同時に、社会的労働過程の搾取の機能であり、それゆえ搾取者とその搾取原料〔労働者〕とのあいだの不可避的敵対によって条件づけられている。……賃労働者たちの諸機能の連関と生産体総体としての彼らの統一とは、彼らのそとに、彼らを集め結びつけている資本のなかに、ある。それゆえ、彼らの労働の連関は、観念的には資本家の計画として、実際的には資本家の権威として、彼らの行為を自己の目的に従わせる他人の意志の力として、彼らに対立する」（同前五七六ページ）［★］

マルクスが「奴隷制のかせ」と言うとき、頭においた中心は、長期にわたる資本主義的生産体制のもとで、生産過程に根をおろした監督者への支配―服従の関係とそこから出てくる人間関係の総体であり、その諸関係を「奴隷制のかせ」という言葉で、端的に表現したのだと思います。その全体が、オーケストラ型の、自由で平等な人間のあいだでの指揮と統一の関係に変わらなければ、未来社会にふさわしい人間関係は生まれない、それには「既得権益と階級的利己心からの抵抗」の克服、言い換えれば、未来社会を形成する人間自身の自己変革も必要になる、これが、マルクスの提起でした。

★　指揮労働の二重の性格　マルクスは、指揮労働の問題での資本主義的生産とオーケストラとの比較論を、『資本論』第三部第五篇の「第二三章　利子と企業者利得」でも展開しています

「監督および指揮という労働は、直接的生産過程が社会的に結合された一過程の姿態をとり、自立的生産者たちの個々ばらばらの労働としては現われないところでは、どこでも必然的に生じてくる。しかし、この労働は、二重の性質をもっている。

一方では、多数の個人が協業するすべての労働においては、過程の連関と統一とは、必然

的に、オーケストラの指揮者の場合のように、一つの司令的な意志において、また部分労働にではなく作業場の総活動に関係する諸機能において、現われる。これは、どの結合された生産様式においても遂行されなければならない生産的労働である。

他方では……この監督労働は、直接生産者としての労働者と生産諸手段の所有者との対立を基礎とするすべての生産様式において、必然的に発生する。この対立が大きければ大きいほど、この監督労働の演じる役割はそれだけ大きい。それゆえそれは、奴隷制度においてその最高限に達する」（同前⑩六四九～六五〇ページ）。

ここに「過渡期」の最初の研究があった

そこから、マルクスは、「自由な結合的労働」（未来社会の代名詞です）の社会経済の諸法則が、社会に定着してゆくまでには、資本主義社会やそれ以前の階級社会の形成の場合と同じような、かなり長い時間を要するだろう、という結論を引き出したのでした。

マルクスはつづけて語ります。

「現在の『資本と土地所有の自然諸法則の自然発生的な作用』は、新しい諸条件が発展してくる長い過程を通じてのみ、『自由な結合的労働の社会経済の諸法則の自然発生的な作用』によってはじめておきかわりうること、それは、『奴隷制の経済諸法則の自然発生的な作用』や、『農奴制の経済諸法則の自然発生的な作用』が交替した場合と同様であることを、彼らは知っている。しかし同時に彼らは、政治的組織のコミューン形態を通じて巨大な進歩を一挙に獲得することができること、そして、彼ら自身と人類のためにその運動を開始すべき時がきていることをも、知っている」（全集⑰五一八ページ）

マルクスがここで研究したのは、のちの言葉で言えば、「過渡期」の研究であり、その時期に内包される問題についての最初の研究でした。そして、ここで、長期の過程を想定したのは、『資本論』第一部の最後の部分でその短さを指摘した「生産手段の社会化」に要する期間でなく、そこから始まる「過渡期」についての評価だったのでした。

そして、いま引用した文章の最後の部分での、「政治的組織のコミューン形態」がこの運動の促進に重要な役割をはたすという指摘は、「過渡期」における労働者階級の政権の存在とその役割を意義づけたものと読むことができます。

ただ、この時点では、「過渡期」という言葉はまだ使われませんでした。

『フランスにおける内乱』では、どう表現されたか

パリ・コミューンは、インタナショナルの「呼びかけ」が完成する以前に、五月下旬、フランス政府が軍隊による総虐殺の挙に出た結果、その事業が緒についたばかりのところで、その歴史

を閉じました。

マルクスは、「呼びかけ」を、パリ・コミューンの経過とその歴史的事業の評価に続けて、フランス政府の暴挙に対する強烈な告発の章を書き加えて仕上げ（この章は全体のほぼ三分の一を占めました）、五月三〇日、総評議会の満場一致の賛成を得て、インタナショナルの声明として発表しました。

「呼びかけ」では、そうした経過を反映しての結果だと思いますが、コミューンの事業の前途についてのマルクスの研究は大部分が割愛され、過渡期の問題も、ごく簡潔に、「長期の闘争」、「環境と人間をつくりかえる一連の歴史的過程」という言葉で、表現されるにとどまりました。

「労働者階級はコミューンに奇跡を期待しなかった。……自分自身の解放をなしとげ、それとともに、現在の社会がそれ自身の経済的作因〔発展――ドイツ語版でのエンゲルスの訳〕によって不可抗的に目ざしている、あのより高度な形態をつくりだすためには、労働者階級は長期の闘争を経過し、環境と人間とをつくりかえる一連の歴史的過程を経過しなければならないことを、彼らは知っている」（全集⑰三二〇ページ）

『フランスにおける内乱』の諸草稿は、執筆から六〇年以上もの長いあいだ、歴史の谷間に埋もれていました。それが世に出たのは、一九三三年三月、ソ連共産党機関紙「プラウダ」に第一草稿の抜粋が掲載されたのが最初で、翌一九三四年、ソ連で『マルクス＝エンゲルス・アルヒーフ』第三巻（通算第八巻）に収録されて、はじめて全文があきらかになりました。

そのために、『フランスにおける内乱』のなかにマルクスが書き込んだ「環境と人間をつくりかえる一連の歴史的過程」は、その意味する内容がわからないまま、読み過ごされてきたのでした。

(3)『ゴータ綱領批判』での前進(一八七五年)

過渡期論が定式化された

一八七〇年代の前半まで、ドイツには二つの労働者党がありました。一つは、マルクスに近い立場をとった社会民主労働者党で、アイゼナハという都市で創立大会をやったことから、「アイゼナハ派」と呼ばれました。もう一つの党は、ラサール[★]が創設した全ドイツ労働者協会で、ラサールはすでに故人となっていましたが、その名をとって「ラサール派」と呼ばれました。

★ ラサール、フェルディナント(一八二五〜六四) ドイツの労働運動の有力な指導者で、マルクス、エンゲルスとも交友がありました。一八六三年に全ドイツ労働者協会を創立しますが、プロイセンの君主制やユンカー(地主勢力)と組んでブルジョアジーとたたかうという路線にたち、死の直前にはその線でプロイセンの首相ビスマルクと何度も秘密会談をかわしました。一八六四年、女性問題での決闘に敗れて死にましたが、その後も、ラサール主義の克服は、ドイツの党と労働運動の発展のための重要な課題として残ったのでした。

一八七五年五月、この二つの党がゴータでの合同大会で統一した労働者党「ドイツ社会主義労働者党」を結成するのですが、そのことについて、マルクス、エンゲルスには一言の相談もありませんでした。二人は、三月、発表された合同党の綱領草案を新聞で読んで、初めて合同の話を知りました。しかも、発表された綱領草案には、ラサール仕込みの誤った見解がいたるところにもりこまれていました。そういう状況の中で、綱領草案のどこに誤りがあるのか、アイゼナハ派の主だった幹部に問題の中心点を理解させるために、マルクスが執筆したのが、『ゴータ綱領批判』（一八七五年五月）です。

ここは、ラサール批判を展開する場所でも、ドイツの運動史を説く場所でもないので、当時のいきさつ論はここまでにしますが、紹介したいのは、マルクスが、いわば『フランスにおける内乱』での研究の総括として、「過渡期」論について一つの定式化をおこなっていることです。

それが、次の文章です。

「資本主義社会と共産主義社会とのあいだには、一方から他方への革命的転化の時期がある。その時期にまた政治的な過渡期が対応するが、この過渡期の国家はプロレタリアートの革命的執権（ディクタトゥール）以外のなにものでもありえない」（古典選書『ゴータ綱領批判／エルフル

ト綱領批判』四三ページ、全集⑲二八〜二九ページ）

この定式では、次の諸点が重要です。

第一に、資本主義社会から共産主義社会への転化を、「生産手段の社会化」という行為だけで完了するものでなく、「革命的な転化の時期」として、一定の歴史的な長さを持つ「時期」という規定をおこなっていることです。この文章では、「過渡期」という言葉を、政治的分野についてのみ使っていますが、現在では、政治、経済の両面を含むより広い意味で使われており、それは、マルクス自身の意図にも合致することだと思います。

第二に、ここで「革命的転化の時期」として表現されている経済体制の転化のなかには、マルクスが『フランスにおける内乱』第一草稿で検討し、その本文で「環境と人間をつくりかえる一連の歴史的過程」と表現した諸過程が、当然、主要な内容としてふくまれるだろうことが推定されることです。

第三に、この経済体制の革命的転化に対応するのが「政治的な過渡期」であり、その「過渡期の国家」が、「プロレタリアートの革命的執権（ディクタトゥール）」として規定されていることです。これは、さきの「第一草稿」で、この過程を推進するコミューンの役割として論じたものを、一般的な規定として展開したものにほかなりません。そして、体制の「革命的転化」という歴史的任務が完了した時、「政治的な過渡期」は終了し、国家は死滅への道をたどることになります。

この、過渡期以後の問題についても、『ゴータ綱領批判』には、興味深い言及があります。いま見てきた過渡期についての文章の一段落前にある次の文章です。

「共産主義社会では国家制度はいかなる変化をたどるであろうか？　いいかえれば、そこでは現在の国家の諸機能に類似したいかなる社会的諸機能が残るであろうか？」（同前、全集⑲二八ページ）

マルクスはここでは疑問を提起しただけでとめていますが、先に（本書一二四～一二六ページ）紹介したバクーニンとの問答も、内容的には、ここでの設問へのマルクス自身の答えとなっているように読めます。それは、バクーニンの著書を読んで一八七四年から七五年初めにかけて執筆したものですから、『ゴータ綱領批判』にきわめて近い時期に、国家の死滅後の社会の状態についてのマルクスの考察を記録したものだったのでした。

付記：『ゴータ綱領批判』は長く非公開の状態にあった

この問題の最後に、『ゴータ綱領批判』をめぐる特殊な事情について、説明しておきましょう。これは、当時のドイツの運動にとって非常に重要な意義を持つ文献でしたが、内容は、合同するドイツの二つの党が合意して公表した綱領文書への全面的な批判です。だから、マルクスは、この手紙をドイツのアイゼナハ派の同志に送ったときにも、一部の指導的な幹部のあいだでだけ回覧するように伝えました。そのために、マルクスの生存中はもちろん、死後もかなりの期間、この文書は非公開とされ続けました。

そして、エンゲルスが決意してこの文書を公開したのは、一八九一年一月でした。ドイツの党が、一八九〇年の党大会で、ゴータ綱領に代わる新しい党綱領の作成作業を始めることを決定したのです。それで、『ゴータ綱領批判』を非公表にしておく制約条件がなくなったうえ、新しい綱領が原則的に正確な内容で作成されることを要望しての、エンゲルスの決断でした。

……………………………

（4）過渡期の政治形態について

では、過渡期の政治形態について、マルクスは、どう考えていたのでしょうか。

それは、民主共和制――国民が主人公となり、選挙で国政の方向を決定する国家形態です。

一八四八年三月、フランスの革命に続いて、母国ドイツで〝革命起こる〟の報を聞いた時、マルクス、エンゲルスはただちに革命の諸任務を掲げた綱領的文書「ドイツにおける共産党の要求」［★］を発表しましたが、その冒頭に掲げられたのは、民主共和制の確立という要求でした。

★「ドイツにおける共産党の要求」　一七項目の要求のうち、冒頭の三項目が、確立すべき民主共和制の内容にあてられました。

「一、全ドイツは、単一不可分の共和国であると宣言される。
二、二一歳に達したドイツ人はすべて、選挙権と被選挙権をもつ。……
三、人民代表は有給とし、労働者もドイツ国民の国会に議席をもつことができるようにする」（全集⑤三ページ）。

これは、ドイツにおける民主主義革命の綱領として発表されたものですが、民主共和制を社会進歩の事業にとって最も適切な形態とするマルクス、エンゲルスの立場は、社会主義的変革の展望のなかでも、一貫したものでした。

この問題では、ヨーロッパにおける社会主義運動が新たな発展の時期を迎えた一八八〇〜九〇年代に、エンゲルスが、マルクスとの共同の見地として展開した二つの角度が重要です。

一つは、民主共和制が、労働者階級と資本家階級との闘争が最後までたたかい抜かれる政治形態だという意義づけです。

一八八三年八月、ドイツの党の幹部の一人への手紙のなかで、エンゲルスは、次のように書きました。

「封建制とブルジョアジーの闘争が、古い絶対君主制のもとでではなくて、立憲君主制（イギリス、一七八九〜九二年および一八一五〜三〇年のフランス）のもとではじめて決着がついたように、ブルジョアジーとプロレタリアートとの闘争は共和制のもとでのみ決着がつけられるのです」（エンゲルスからベルンシュタインへ　一八八三年八月二七日　古典選書『マルクス、エンゲルス書簡選集・中』二六四～二六五ページ、全集㊱四八ページ）。

一八九二年、イタリアのブルジョア政治家から、共和制の問題で見当違いの批判を加えられた時、エンゲルスはただちに反論して、次のように書きました。

「マルクスと私とは、四〇年も前から、われわれにとって民主的共和制は、労働者階級と資本階級との闘争が、まず一般化し、ついでプロレタリアートの決定的な勝利によって、その終末に到達することのできる唯一の政治形態であるということを、あきあきするほど繰りかえしてきているのです」（「尊敬するジョヴァンニ・ボーヴィオへの回答（一八九二年）」　古典選書『多数者革命』一九八ページ、全集㉒二八七ページ）。

もう一つは、民主共和制が、革命の勝利後の労働者階級の権力の「特有の形態」だという意義づけです。

一八九一年、ドイツの社会民主党で、新綱領の制定が問題になった時、エンゲルスは、党執行部の原案について、詳細な意見を書き送りましたが（「一八九一年の社会民主党綱領草案の批判〈エルフルト綱領批判のこと〉」）、革命と国家権力の問題を論じた部分の冒頭に、次のように述べました。

「なかに確かなことがあるとすれば、それは、わが党と労働者階級は、民主共和制の形態の下においてのみ、支配権を得ることができる、ということである。この民主共和制は、すでに偉大なフランス革命が示したように、プロレタリアートの執権の特有の形態でさえある」（古典選書『ゴータ綱領批判／エルフルト綱領批判』九四ページ、全集㉒二四一ページ)。

民主共和制を、労働者階級の社会変革の闘争が最後までたたかわれる国家形態として、さらには、社会変革後の労働者階級の権力の「特有の形態」として位置づける、こういう立場を、エンゲルスは、科学的社会主義の基本的見地として、このように、くりかえし力説していたのでした。

つけ加えてのべておきたいのは、イギリスの君主制の位置づけです。イギリスは、一八世紀以来の立憲君主制の国家で、労働者の選挙権獲得の大運動(チャーチスト運動)を経て、一九世紀後半には、労働者階級の大きな部分が選挙権を獲得しました。

その段階で、マルクスやエンゲルスが、君主制国家イギリスを、選挙を通じての革命の勝利が可能な国に数え入れるようになったのです。

マルクスは、一八七八年九月、ある覚書で、平和的な社会変革の可能性がある国として、イギリスとアメリカをあげ、次のようにのべたのです。

「当面の目標は労働者階級の解放であり、そのことに内包される社会変革(変化)である。ある時の社会的権力者のがわからのいかなる強力的妨害も立ちはだからないかぎりにおいて、ある歴史的発展は『平和的』でありつづける。たとえば、イギリスや合衆国において、労働者が国会《パールメント》〔イギリスの国会〕ないし議会《コングレス》〔アメリカの議会〕で多数を占めれば、彼らは合法的な道で、その発展の障害になっている法律や制度を排除できるかも知れない。しかも社会的発展がそのことを必要とするかぎりだけでも。それにしても、旧態に利害関係をもつ者たちの反抗があれば、『平和的な』運動は『強力的な』ものに転換するかも知れない。その時の彼らは（アメリカの内乱やフランス革命のように）強力によって打倒される、『合法的』強力にたいする反逆として」（「『社会主義者取締法にかんする帝国議会討論の概要』から」一八七八年九月 古典選書『多数者革命』九六ページ、全集㉞四一二ページ）。

これは、〝議会の多数を得ての革命〟の可能性を正面から論じたマルクスの重要な文章です。ここであげられている二つの国家のうち、アメリカは、典型的な共和制国家であり、選挙によるリンカーン大統領の当選が、奴隷制度廃止という社会変革の起点となったという歴史的実績をもつ国です。そのアメリカと並んで、君主制国家のイギリスが、〝議会の多数を得ての革命〟の可能性をもつ代表的な国の一つとされていることは、大変興味深いことで、マルクスの革命論の柔軟性を示す代表的な論述だと思います。

（5）農業における社会主義への道は？

過渡期に関連する、『資本論』以後の重要な理論展開の一つに、農業における社会主義への道の探究という問題がありました。

『資本論』までのマルクスの戦略構想

農民との同盟がプロレタリア革命の勝利の条件

マルクスは、一八四八年革命の終結後、そこからの教訓として、フランスやドイツでは、農民との同盟こそがプロレタリア革命の勝利の前提条件だということを、繰り返し強調しました。

フランスの場合。

「ナポレオンの王政復古［★1］に絶望するとき、フランスの農民は自分の分割地［★2］にたいする信仰を捨てる。この分割地のうえに建てられた国家構築物全体が崩壊し、プロレタリア革命は合唱隊をうけとる。この合唱隊のいないプロレタリア革命の独唱は、あらゆる農民国でとむらいの歌となるであろう」（『ルイ・ボナパルトのブリュメール一八日』一八五二年　全集⑧二〇〇ページ、古典選書一七三ページ。この文書は一八六九年版では削除されました）

★1　王政復古　ナポレオンの甥ルイ・ボナパルトが、大統領に選ばれた直後、クーデター的に帝政を復活させたこと。

★2　分割地　封建的土地所有が解体されて、農民に分与された土地。

ドイツの場合。

「ドイツの全事態は、プロレタリア革命を農民戦争の再版ともいうべきもので支持できるかどうかにかかるであろう。そうなれば、事態はすばらしいものになる」（マルクスからエンゲルスへ　一八五六年四月一六日　古典選書『マルクス、エンゲルス書簡選集・上』一〇四ページ、全集㉙三九ページ）

どちらの場合にも、その国の資本主義的発展が、農民の小経営を破滅に追いこみ、革命のさいに、農民を労働者階級のがわに押しやるだろうことを期待しての戦略構想でした。

『資本論』第三部（一八六五年執筆）での分析も

マルクスは、それからほぼ一〇年たった一八六五年、『資本論』第三部の草稿の中で農民の分割地所有の前途の分析をおこないましたが（第六篇第四七章「第五節　分益経営と農民的分割地所有」）、資本主義的生産のもとでは、分割地で農民経営は一路破滅への道を進むという分析の基調は変わりませんでした。

「分割地所有は、その性質上、労働の社会的生産諸力の発展、労働の社会的諸形態、資本の社会的集中、大規模な牧畜、科学の累進的応用を排除する。……生産諸手段の限りない分散と生産者たちそのものの各自の孤立。人間力の莫大な浪費。生産諸条件の累進的劣悪化と生産諸手段の価格の騰貴――分割地所有の必然的な一法則」（『資本論』⑬一四一〇ページ）

『資本論』という著作の性格も、もちろんありますが、この必然的没落の道からの活路については、わずかの示唆も示されないままでした。

インタナショナルでの探究

「土地の社会化」決議――インタナショナル

『資本論』草稿で分割地所有の歴史的分析をしたのが一八六五年、マルクスはその前年の一八六四年九月からすでにインタナショナルでの活動を開始していました。

そのインタナショナルの大会で、一八六七年から、農業・農民問題の根本にかかわる「土地の社会化」（国有化と言ってもよいでしょう）にかかわる討論が始まりました。

最初は、一八六七年のローザンヌ大会で、それ以後の大会で三回にわたって、この問題での討論と採決がおこなわれました。その結果は、次の通りでした。

一八六七年・ローザンヌ大会。否決（賛成一一票、反対二七票）。

一八六八年・ブリュッセル大会。可決（賛成三〇票、反対四票、棄権一五票）。

一八六九年・バーゼル大会。可決（賛成五四票、反対四票、棄権一三票）。

「社会化」の対象が土地に限定されていたとは言え、「生産手段の社会化」は、社会主義の中心目標です。それが、インタナショナルの大会で大多数をもって採択されたのですから、社会主義をめざす者には大歓迎してよいはずですが、マルクスの心境は複雑だったようです。マルクスは、最後のハーグ大会を例外として、大会に参加していませんから、大会での発言はないのですが、バーゼル大会のときには、事前に総評議会（六九年七月）の議題になったので、そこでの発言が記録されています。

すでに「土地の社会化」の決議は前の大会でされているのですから、マルクスの発言も、その趣旨を前提としての発言とならざるをえなかったようで、大会に代表が出席していない「小農民」「小土地所有者」の問題をよく考慮しなければならない、という趣旨の短い発言でした（「土地所有についてのマルクスの二つの演説の記録」全集⑯五五七～五五八ページ）。

論文「土地の国有化について」（一八七二年）

バーゼル大会から二年数カ月たった一八七二年三月、マルクスのところへ一通の手紙がとどきました。イギリスを訪問していた評議員の一人が、農業問題でイギリスの支部に混迷があるので助言がほしいと言ってきたのです。マルクスは、未来社会についての大きな展望のなかで土地の国有化を意義づけて解説することを主眼にしながら、この問題では、フランスなどには、イギリスとはまったく違った状況があることも、ていねいに説明しました。そしてこの事情こそ、農業問題の解決をめぐってマルクスがいちばん頭を悩ましていた問題だったのでした。その要点は、次の通りです。

「農民的所有をもつフランスは、地主制度をもつイギリスよりも、土地の国有化からはるかに遠いのである。……土地所有のこの形態と、その必然的な結果としての小地片の耕作とは、現代の農業上の改良の応用をまったく不可能にしているだけでなく、同時に耕作者自身を、いっさいの社会的進歩にたいする、とりわけ土地の国有化にたいする最も断固たる敵に変えている。

……このように農民的所有は『土地の国有化』にたいする最大の障害であるから、フランスは、その現状においては、この大問題の解決〔の手がかり〕をもとめるべき国でないことは確かである」(「土地の国有化について」一八七二年三月～四月執筆　全集⑱五四～五五ページ)

こういう事情は、フランスだけではなく、大陸ヨーロッパの多くの国ぐにに存在するものでした。農民的土地所有のないイギリスなどは別として、ヨーロッパの多くの国では、土地の国有化の要求が、農民を労働者階級に接近させる指針となり得ないことは、マルクスにはすでに明確だったのでした。

農民問題での画期的転換(一八七〇年代半ば)

――再び『バクーニン・ノート』から――

マルクスは、インタナショナルでの活動を終えたあとも、農民問題解決の方途の探究を続けました。そして、一八七〇年代の半ばには、これを解決する画期的な方策に到達しました。マルクスがそこで見いだした方策は、やがて、農業・農民問題の社会主義的解決の基本路線となってゆくのですが、マルクスがそれを文章として書き残したのは、先に見た『バクーニン・ノート』のなかでした。

バクーニンは、『国家制度と無政府』の中で、自分を「スラヴの農民」の代表に見立てて、マルクスは「農民」と「農民革命」の敵だと叫びたて、マルクスのめざす「人民国家」で、プロレタリアートが支配階級になるとすれば、支配されるのは「下賤《げせん》の農民、下層農民階級」だときめつけました。

マルクスは、バクーニンのこの汚い非難にたいして、冷静な言葉で、「西ヨーロッパ大陸のすべての国」のように、人口のなかで農民が一定の比重を占めている資本主義国で、労働者階級が革命に勝利して政府権力をにぎった場合、なにが起こるかを、詳細に説明してみせました。その説明を聞いてください。

「農民が私的土地所有者として大量に存在するところ、イギリスのように農民が消滅して農業日雇労働者に入れかわるというふうになっていない西ヨーロッパ大陸のすべての国家でそうであるように、農民が多かれ少なかれかなりの多数をさえ占めているところでは、次のようなことが起こる。すなわち、農民が、これまでフランスでやってきたように、あらゆる労働者革命を妨げ、挫折させるか、あるいはプロレタリアートが（私有者としての農民はプロレタリアートに属せず、またその状態からいってプロレタリアートに属する場合でも、自分では属さないと信じているから）政府として、農民の状態が直接に改善され、そのため農民を革命の側に

獲得するような諸方策をとらなければならないか、どちらかである」（全集⑱六四一～六四二ページ）

もちろん、政府がとるべき方策は後者であって、それによってこそ、農民が過って反革命とか革命の妨害者の立場をとることを、防ぐことができるでしょう。

マルクスは続けます。

「しかも、その諸方策は、土地の私的所有から集団所有への移行を萌芽状態において容易にし、その結果農民がおのずから経済的に集団所有にすすむような諸方策であって、たとえば相続権の廃止を布告したり農民の所有の廃止を布告したりして、農民の気を悪くするようなことをしてはならない」（「相続権の廃止」はバクーニンの主張、「農民の所有の廃止」はインタナショナルの「土地の社会化」決議をさしています）、「あとのようなことができるのは、資本家的借地農業者が農民をおしのけてしまい、現実に土地を耕す者は都市労働者と同じようなプロレタリア、賃金労働者となっており、したがって都市労働者とまったく同一の利害を、間接にでなしに、直接にもつようになっているときに限られる」（同前六四二ページ）

バクーニンは、さきの労働者による農民の支配という夢想に加えて、これは、民族的立場で言えば、スラヴ人が「勝利したドイツのプロレタリアートにたいして奴隷的従属関係におかれる」ことだなどと論じましたが、マルクスはこれを「小学生程度のおろかしさ！」と一蹴した上で、話を続けます。

「徹底した社会革命は、経済的発展の一定の歴史的諸条件と結びついている。それらの条件は社会革命の前提である。社会革命は、したがって、資本主義的生産とともに工業プロレタリアートがすくなくとも人民大衆のなかで相当な地位を占めるようになったところではじめて可能である。そして彼らがなんらかの勝利のチャンスをもつためには、彼らはすくなくとも、フランスのブルジョアジーが彼らの革命にあたって当時のフランスの農民のためにしてやったのと同じ程度のことを、必要な変更をくわえて直接に農民のためにしてやることができなければならない。労働の支配が農業労働にたいする抑圧をふくむとは、すばらしいアイディアだ！だが、ここにバクーニン氏の心内ふかくに秘められた思想が現われている」（同前六四二～六四三ページ）

ここには、社会主義をめざす政府が成立した場合、農民との関係でやるべきことと、やってはならないことが、きわめて明瞭に、しかも詳細に解明されています。マルクスがここで、インタナショナルが決議した「土地の国有化」の方針を、バクーニンの「相続権の廃止」の要求とともに、「やってはならないこと」の筆頭にあげていること、土地所有の将来の発展方向としては、国有化ではなく集団所有への移行をあげ、それも「萌芽状態」の準備段階からはじめて「農民がおのずから経済的に集団所有にすすむような諸方策」の必要性に言及するなどは、この問題でのマルクスの到達点の深さをしめすものとして、注目に値します。

『バクーニン・ノート』にマルクスが書き記したこれらの到達点は、文字通り、社会主義への道をめざす農業・農民政策の画期的な転換点となったのでした。

一八九〇年代のエンゲルスの展開

マルクスは、『バクーニン・ノート』で展開した問題を公表する機会をもちませんでした。インタナショナルはすでにヨーロッパでの活動を終えており、マルクスの運動への助言も、ドイツの党をはじめ、個々の党への助言や意見交換に移っていましたが、農業問題やそこでの社会主義への道が運動上の直接の問題として議論される機会が、ほとんどなかったからです。

しかし、私は、一八七四〜七五年の『バクーニン・ノート』に記されたマルクスの到達点は、当時のエンゲルスとの密接な交流関係の中で、二人の共有財産になっただろうことを、推測しています。

というのは、それから約二〇年後、フランスやドイツの労働者党のあいだで、農民の支持をいかにして獲得するかが大きな問題になったとき、エンゲルスは、これらの党への助言として、論文「フランスとドイツにおける農民問題」を書いて、ドイツの党の理論機関誌『ノイエ・ツァイト（新時代）』（一八九四年一一月）に発表しました。その論旨が、『バクーニン・ノート』で展開したマルクスの論調と驚くほど一致しているのです。自分のためのノートとはちがって、どの問題もよりていねいに説明されていますが、論旨はまったく同じ立場です。

たとえば、マルクスは、農民の農業経営の発展方向として、「集団所有」への移行をあげるとともに、押しつけは禁物で、農民が自発的にその道を選ぶようにすすめることが肝要だということを、強調していました。

エンゲルスは、同じ問題を、次のように、わかりやすい言葉で、繰り返し説明します。

「小農にたいするわれわれの任務は、なによりも、力ずくではなく、実例とそのための社会的援助の提供とによって、小農の私的経営と私的所有を協同組合的なものに移行させることである。そして、これが有利だということを小農に示す手段を、われわれはたしかに十分にもちあわせている」（全集㉒四九四ページ）

「この場合に肝心なことは、農民の家と畑の所有を救うには、それを維持するには、それを協同組合的な所有と経営に転化させる以外には道がないことを、農民にわからせることであり、今後もそうであろう」（同前四九五ページ）

「われわれは、むろん、断固として小農の味方をする。小農の運命をもっと忍びやすいものにするために、彼にその決心がつけば協同組合への移行を容易にするために、それどころか、彼にまだその決心がつかないなら、その分割地のうえで長いあいだとっくりと思案できるようにするために、われわれはやってよいことならなんでもやるだろう」（同前四九六ページ）

これ以上の比較はやりませんが、エンゲルスが一八七三〜七四年のマルクスとまったく同じ立場で発言していることは、いまの引用だけでも理解していただけると思います。

『バクーニン・ノート』は、一九二六年にロシア語で初めて公表されましたが、世界に広く知られることになったのは、ドイツで一九六二年に刊行された『マルクス・エンゲルス全集』第一八巻に収録刊行されて以後でした。そのため、農業における社会主義への道の提起は、長くエンゲルスの提案とされてきましたが〔★〕、それは実は、一八七三〜七四年の『バクーニン・ノート』に端を発するマルクスとエンゲルスの共同の提起だったのでした。

★ レーニン「カール・マルクス」（一九一四年執筆）は、社会主義の農民政策の説明に当たって、エンゲルスのこの論文を引いて「マルクスの思想を言いあらわしているエンゲルスの発言」としています（古典選書『マルクス主義の三つの源泉と三つ構成部分／カール・マルクスほか』（六九〜七〇ページ）。

そして、ここにも、資本主義社会から共産主義社会への革命的転化の時期――過渡期に直面する任務の、一つの重要な解明があったのでした。

補篇：レーニン的未来社会論の克服

『国家と革命』にもとづく二段階発展説

最後に、未来社会論の「補篇」として、『国家と革命』（一九一七年八月～九月執筆、一九一八年刊行）のなかでレーニンが展開した未来社会の二段階発展論について、どこにその誤りがあったかを説明しておきたいと思います。

レーニンは、『国家と革命』のなかで、マルクスの論文「ゴータ綱領批判」（一八七五年）を根拠として、将来社会を生産物の分配方式に応じて発展の低い段階と高い段階に分け、低い段階では「労働に応じて」が分配の原則となり、高い段階では「必要に応じて」が原則となる、という二段階発展論を展開したのでした。

スターリン（一八七九～一九五三）は、それをひきついだ上で、低い段階を「社会主義社会」、高い段階を「共産主義社会」と呼ぶ用語法を発表し（一九三四年）、次いで一九三六年、ソ連社会の発展段階をそれにあてはめて、「わがソビエト社会は、すでに共産主義社会の第一段階、すなわち社会主義を実現した」と宣言しました。これ以後、未来社会の低い段階を「社会主義」、高い段階を「共産主義」と呼ぶ用語法が、ほぼ七〇年にわたって世界の共産主義運動の支配的な定説となり、現在でも世界の大きな地域でその状態が続いています［★］。

★ 日本共産党は、二〇〇三年の党中央委員会の草案採択を経て、二〇〇四年の第二三回党大会で新しい改定党綱領を採択したさいに、マルクスの未来社会論を現代に生かした日本社会の将来展望を明らかにしました。

レーニンは『ゴータ綱領批判』を読み違えた

レーニンの二段階説は、マルクスが『ゴータ綱領批判』で展開した論旨を、まったく読み違えたものでした。

もともと、マルクスが、『ゴータ綱領批判』で未来社会の説明をおこなったのは、この綱領に刻みこまれたラサール主義の遺産を批判するためでした。

マルクスがまず問題にしたのは、ゴータ綱領の次の条項です（古典選書二四ページ、全集⑲一八ページ）。

「労働の解放は、労働手段を社会の共有財産に高めること、および、総労働を協同組合的に規制し、労働収益を公正に分配することを必要とする」

ここにある「労働収益」という言葉自体がラサール独特の用語［★］でしたが、最大の問題は、そこで、「公正な分配」が社会主義的要求の中心に据えられていることにありました。

★「労働収益」　ラサールは、ドイツの労働者大会を準備する委員会から「労働運動にかんする所見」をもとめられ、一八六三年三月、それに答える「公開答状」を発表しました。これが、ラサール派の組織「全ドイツ労働者協会」結成への起点となるのですが、「労働収益」という言葉は、この「公開答状」の中で、次のような文脈で説明されていました。

「労働者階級が、自分自身の企業家となれば、……労働の報酬として、労働収益が登場することになる」

ここで、「労働者が自分自身の企業家となる」というのは、具体的には、国家の助成で労働者が株主となる企業をつくり、そこで自分たちが働くという、プロイセン国家頼みの空想的計画でした。

マルクスは、続く部分で、「『分配』――綱領はラサールの影響で偏狭にもそれしか眼中にない」（同前二六ページ、全集⑲一九ページ）と書いています。マルクスが、このことにとくに批判を集中したのは、社会主義を真面目に展望する場合、いつでもどこでも通用する「分配の公正さ」などはありえないからです。

マルクスが『資本論』第一部で、「この分配の仕方は、社会的生産有機体そのものの特殊な種類と、これに照応する生産者たちの歴史的発展程度とに応じて、変化するであろう」（①一三三ページ）と書いたように、未来社会での分配の方法はその場所の違い、発展程度の違いによって変化するもので、綱領的なものさしで一律に決定できるようなものではありません。

マルクスは、『ゴータ綱領批判』では、「公正な分配」のスローガンを一枚看板のように持ち歩くラサール主義者たちにわからせるために、一つの例解として、生まれたばかりの共産主義社会と、発達した共産主義社会では、公正さの基準が当然ちがってくる、という実例を示してみせたのでした。

だから、そこから出てくる結論は、綱領から、ラサール主義的な「分配」論は取りのぞくべきだということでした。レーニンはそこを読み違えて、マルクスが、ここで、未来社会の段階的発展の方向を、分配方式の転換を軸に説明している、と読みとってしまったのでした。

無視されたマルクスの二つの断り書き

マルクスも、その種の誤解が起こることをおそれたのでしょう。

ラサール主義的「分配」説を批判した後で、誤解を防ぐために、読者への二つの断り書きをおこなっています。

第一の断り書き。

「私は一面で『労働の全収益』ということに、他面で『平等の権利』、『公正な分配』ということにかなり詳細にたち入ってきたが、それは、一方で、ある時期にはなんらかの意味をもっていたが、いまでは時代遅れのきまり文句のがらくたとなってしまった観念を、わが党にふたたび教義として押しつけようとし、他方で、党に非常に苦労して伝えられ、党内に根づいた現実的な見解を、空理空論的な、権利とかそのほかの、民主主義者やフランスの社会主義者にお馴染《なじ》みのたわごとでふたたび歪曲するとき、どれほどひどい罪をおかしているかを示すためである」（古典選書三一ページ、全集⑲二一ページ）

あまりわかりよい文章ではありませんが、アイゼナハ党時代に苦労してつくりあげた理論的伝統と到達点が、「空理空論」や「たわごと」をもてあそぶラサール派との無原則的な合同によって弱められ失われることへの、マルクスの強い懸念が、文面から読み取れます。

第二の断り書き。これは、より直接的に、いままで見てきた「公正な分配」問題にかかわるものでした。

「これまで述べてきたことを別としても、いわゆる分配のことで大さわぎをしてそれに主たる力点をおくことは、およそ誤りであった。

消費手段のそのときどきの分配は生産諸条件そのものの分配の結果にすぎない。しかし生産諸条件の分配は生産様式そのものの一つの特徴である。たとえば資本主義的生産様式は、物的生産諸条件が資本所有や土地所有という形で非労働者たちに配分されているが、他方、大衆は、人的生産条件、つまり労働力の所有者にすぎない、ということに基づいている。生産の諸要素がこのように分配されているならば、消費手段のこんにちのような分配がおのずから生じる。物的生産諸条件が労働者自身の協同組合的所有であるならば、同じように、こんにちのものとは異なった消費手段の分配が生じる。俗流社会主義はブルジョア経済学者から（さらに俗流社会主義からあらためて民主主義の一部は）、分配を生産様式から独立したものとして考察し、また取り扱い、したがって社会主義を、主として分配を中心にするものとして叙述することをうけついだ。真の関係がとっくに明らかにされているあとで、なぜふたたび逆もどりするのか？」（古典選書三一～三二ページ、全集⑲二一～二二ページ）

ここでは、「社会主義を、主として分配を中心にするものとして叙述する」ことへの批判が、きわめて痛烈な調子で表明されています。レーニンは、このせっかくの断り書きを、どうして見落としてしまったのでしょうか。

エンゲルスの書簡から

すでに述べたように（本書一四三ページ）、エンゲルスは、『ゴータ綱領批判』を、マルクス死後も非公開で保管し、一八九一年一月、ドイツの党が綱領改定にのりだしたときに、決意してこの文書の公開にふみきった人物でした。その経過から言っても、当事者中の当事者として、エンゲルスがこの文書の内容に最も通じた人物であったことは、疑いをいれないところでしょう。

そのエンゲルスが、『ゴータ綱領批判』公表の半年ほど前（一八九〇年八月）に、未来社会における生産物の分配の方式について発言した手紙があるので、この章での研究の締めくくりとして、紹介しておきます。

当時、ヨーロッパの社会主義者の間では、社会主義的変革の展望について、いろいろな議論がさかんになっていたようです。そのなかで、ある雑誌が社会主義社会における分配の問題を主題とした討論を企画し、何人かの論者がそれに参加するということがありました。そのことを知ったエンゲルスが、ドイツの若い社会主義者シュミット［★］に、次のような手紙を送ったのです。

「『フォルクス―トリビューネ〔人民の演壇〕』でも、未来社会における生産物の分配について、それが労働量に従っておこなわれるのか、それとも別の方法でおこなわれるのかについて、討論がおこなわれました。人々は、一種の観念論的な公正談議にたいして、問題をきわめて『唯物論的に』とらえはしました。しかし奇妙なことに、分配方法は本質的にはやはり、分配されるべきものがどれだけあるかにかかっていること、そしてこの分量はやはりおそらく生産と社会的組織との進歩につれて変化するであろうし、したがっておそらく分配方法も変化するであろうということには、だれひとり気づかなかったのです。そして参加者のだれにも、『社会主義社会』は不断の変化と進歩をたどるものとしてではなく、不動の、それきり変わらないもの、したがってまた、それきり変わらない分配方法をもつべきものと思われているのです。だが、分別をもってやれることは、ただ、(一)、はじめに採用する分配方法を発見しようと試みること、(二)、それ以後の発展のたどる一般的傾向を見いだそうとつとめること、だけです。しかし私は、討論全体をつうじて、この点にふれたことばをひとつも見つけません」(コンラート・シュミットへ　一八九〇年八月五日　古典選書『マルクス、エンゲルス書簡選集・下』一三〇ページ、全集㊲三七九～三八〇ページ)

★　シュミット、コンラート(一八六三～一九三二)　ドイツ社会民主党に属する若い理論家で、この手紙にでてくる雑誌『フォルクス―トリビューネ』の編集者。エンゲルスの晩年、かなり頻繁に文通をしていましたが、エンゲルスの死後、修正主義に転じました。

エンゲルスがこの手紙で表明した見地は、マルクスが『資本論』の商品論でしめした見地(本書一六二ページでも紹介しました)と、まったく同じ立場に立ち、問題意識をより詳しく説明したものでした。その意味で、この手紙は、レーニンのマルクス解釈の誤りを証明するもう一つの文献として位置づけることができると思います。

あとがき　この連載にさきだって、私は『月刊学習』二〇一八年五月～七月号に、「党綱領の未来社会論を読む」を連載しました（同年九月に単行本として日本共産党中央委員会出版局から刊行している）。あわせて読んでいただければ、日本共産党の今日の綱領が、マルクスの理論的到達点を、二一世紀の日本と世界の情勢のもとで、どのように発展的、現代的に継承しているかを、把握していただけると思いますので、ご参照願えれば、と思います。

（『前衛』二〇一八年一〇月号～一九年一月号）

日本共産党綱領制定にあたっての社会主義理論の研究

――日本・ベトナム理論交流での不破団長の報告――

日本共産党とベトナム共産党は二〇一三年一二月一六、一七の両日、東京の日本共産党本部で第五回両党理論会談を開きました。不破哲三社会科学研究所所長が日本共産党代表団の団長を務め、ベトナム共産党側はディン・テー・フイン政治局員・書記局員・理論評議会議長が代表団長を務めました。「新しい情勢における社会主義理論の発展」をテーマとした同会談で、不破団長は「日本共産党綱領制定にあたっての社会主義理論の研究」と題して、この報告をおこないました。

私の報告を始めたいと思います。

私たちの党は一九六一年に党綱領を制定しましたが、二〇〇四年に党綱領のかなり抜本的な改定をおこないました。来年（二〇一四年）一月が、改定した新しい綱領の決定からちょうど一〇年になるところです。

今回の主題は、新しい綱領の改定にいたるまでの党の理論的な発展、とくに社会主義論の研究の経過と到達点についての報告です。

一　日本共産党の理論活動の歴史

これまで私たちは、両党間で四回の理論交流を重ねてきましたが、わが党の理論的な発展の問題についてはこれまで報告したことがありませんでした。理論問題についての両党間の相互の理解を深めるためにも、この機会に、はじめに日本共産党の理論活動の歴史について若干の点を語っておきたいと思います。

自主独立の立場の確立が理論活動の起点

私たちの理論活動において、大きな起点となったのは、一九五〇年代に自主独立の立場を確立したことでした。それに先立って、私たちは一九五〇年にソ連の党と中国の党の共同による激しい干渉を受け、党が分裂し、国外から武装闘争路線を押しつけられるという、たいへん苦難に満ちた経験をしました。その前の一九四九年の総選挙では衆議院で三五議席を得ていたものが、その干渉を受けた時期の一九五二年の選挙では全議席を失うという困難な事態も経験しました。私たちは、その苦難の時期を抜け出したときに、自主独立の立場、すなわち、相手がどんな大国であっても外国からの干渉を許さない、どんな問題でも日本の党の方針は自分の頭で考えて決定する、この立場を確立しました。

発達した資本主義国である日本で、まず民主主義革命をおこない、ついで、それを社会主義革命に発展させるという二段階の戦略路線を、党綱領で確立したのも、この立場に立ってでした。一九六〇年のモスクワで開かれた国際会議（八一カ国共産党・労働者党会議）の時には、この革命路線にたいして、ソ連をはじめヨーロッパの諸党から猛烈な批判を受けましたが、われわれはそれを論破して私たちの立場を貫きました。

ソ連との論争と干渉攻撃

その後、ソ連の党との論争は、アメリカの戦争政策の評価をめぐって起きました。米ソが外交面で和解したということから、ソ連共産党が「アメリカの戦争政策はもはや危険ではなくなった」と主張しはじめ、それにそった行動を開始しました。私たちはそれを認めないで、「アメリカが平和的な政策と見せかけているのは、社会主義大国のソ連にたいしてであって、その他の社会主義国や民族解放運動に対する侵略の危険は現実に存在している」ことを指摘しました。この意見の違いから、一九六四年、ソ連共産党は、わが党の立場・路線を全面的に非難する長文の書簡を送りつけてくると同時に、わが党の内部に手を突っ込んで、ソ連追従の分派を旗揚げさせて猛烈な干渉攻撃に出ました。われわれはもちろん全面的な反撃をおこないました。

この論争そのものは、当のアメリカがその年一九六四年八月にベトナム侵略戦争を開始したことによって、どちらが正しいかの決着がつきました。その過程で、フルシチョフからブレジネフへのソ連の指導部の交代がおこなわれましたが、その後も、日本共産党に対する干渉攻撃は続けられました。

侵略戦争下のベトナムでの会談

こうして、われわれはソ連の干渉攻撃に反対する闘争の激しい最中でしたが、現実に起こったベトナム侵略戦争に対しては、世界のすべての勢力が団結してたたかう国際統一戦線の結成が急務だと考えました。そのためには、アジアの主要な党、侵略攻撃を受けているベトナムの党をはじめ、中国や北朝鮮の党との意見の一致をかちとることが重要だと考えて、われわれは、一九六六年二月～四月に、諸党の合意を得て、これら三国の歴訪を計画しました。当時書記長だった宮本顕治同志がこの代表団の団長でしたが、私もそれに参加し、これが私の最初の外国訪問となりました。

最初の会談は、ハノイでのベトナムの党の指導者たちとの会談でした。一九六六年の二月一七日に、中国の南寧《なんねい》から飛行機で真夜中、ハノイ郊外の空港に、比較的小さな軍用空港に着きました（ベトナム側：「ザーラム（空港）ですね」）。戦争中ですから、街灯もなく何も見えない暗い道を、車でまっすぐハノイに向かいました。ハノイの迎賓館に近づきますと、そこはこうこうと明かりがついて、アオザイを着た女性たちが大勢集まっており、ベランダの上ではホー・チ・ミン同志が手を振って歓迎してくれました。非常に感動的な光景でした。

会談は二月一九日からおこないました。日本共産党とベトナムの党が本格的な会談をやったのは、これが初めてです。当時の会談は、まだ、われわれの方にはベトナム語の分かる同志がいませんでしたし、ベトナムの党の側でも、日常会話のできる通訳はいても、会談で日本語の通訳ができる同志はいませんでした。ですから、中国語を介した二重通訳でした（ベトナム側、笑い声）。中国から飛んできて、中国語を介しての通訳ですから、いったいこの党がどういう立場の党なのか、最初は、疑問に思っただろうと思います。（大笑い）

会談は五日間かかりました。戦争をめぐる情勢を中心にした同じ主題の報告ですが、ベトナム側の報告の内容が、日がたつごとに深まってゆくのです。（笑い声）

それで、会談の前半で、国際統一戦線の問題では両党の意見が完全に一致したのですが、その途中にホー・チ・ミン同志が入ってきて、私もまったく日本の同志の意見に賛成だといって、こういう話をしました。「いまはソ連の党も中国の党もわれわれを援助している。しかし、こういう援助だ」と、掌（手のひら）をパッとひろげたのです。つづいて、「われわれが求めているのは、こういう援助だ」と掌をぐっとにぎりました（小さな笑い声）。われわれが提唱した国際統一戦線ということを行動で表わしたものでした。

ベトナム側の代表団の団長はレ・ジュアン同志だったのですが、会談の最後の日、レ・ジュアン同志に不幸があって、発言がチュオン・チン同志に変わりました。その時に、ベトナムがジュネーブ会談（一九五四年四月）以来取ってきた態度、そしてソ連、中国がベトナム問題で取ってきた態度を詳しく、われわれは聞きました。ジュネーブ会談でのベトナムの南北分割にはベトナム代表団は賛成しなかったこと、その時に、南では必ず総選挙をやって政権問題を解決するということが条件として厳重に確認されたこと、しかし会談が終わると、アメリカが南ベトナムの政権を牛耳り、総選挙をボイコットして、それでベトナムの解放勢力に大弾圧を加えたこと、村々にギロチンを持ち歩いて解放勢力を片っ端から殺したことまで、伺いました。南の同志の決起の要望を受けて何べんもモスクワと北京に相談するけれども、武装決起についての合意は得られず、最後に、ベトナムの党の自主的な決断で、南部の武装闘争に決起したことを聞きました。

これらの歴史を詳しく伺って、われわれ日本共産党が五〇年代に中国、ソ連の干渉を受けて、そのなかから自主独立の立場を確立したのと、まったく状況は違うけれども、ベトナムの党が、同じ性質の苦難の歴史を経て、自主独立の同じ立場に到達したのだということを、われわれは歴史の重みをもって確認しました。

こうして、この会談は、当面の国際統一戦線の課題でも、それから、世界の共産主義運動における自主独立という根本問題でも、両党が共通点を確認しあった、同志的連帯の本当の起点になりました。

その後、宮本同志はハノイに残って、ホー・チ・ミン同志と両党の今後のことをいろいろ相談し、その中では、双方で直接自国語で通訳できるような学生を養成しあおうじゃないかということも含まれました。私たち代表団の一部は、分かれて、爆撃を受けている最前線のタインホア省を訪問しました。ハムロン橋を守る高射砲陣地を視察したり、村を守る女性民兵の人たちと交流したりしました。高射砲陣地に行った時は写真をいただいたのですが、「これは発表すると高射砲の性能がアメリカに分かるから、戦争が終わるまで発表しないでくれ」と言われ、私はこの写真だけはベトナム戦争が終わってから、機関紙「赤旗」に発表しました。（笑い声）

中国・毛沢東派の干渉攻撃

その後、われわれは中国に行き、中国の同志たちと会談しました。北京の会談では、劉少奇《りゅうしょうき》同志が団長で、鄧小平《とうしょうへい》同志も加わり、ここでも四日間にわたる会談をしましたが、ここでは、国際統一戦線の問題では意見が分かれたままでした。ただ、会談が終わった時に、劉少奇同志が、「どちらが正しかったかは歴史の審判に待ちましょう」と、理性的な態度だったことが記憶に残っています。しかし、その後の毛沢東《もうたくとう》との会談は、完全な決裂に終わりました。われわれが彼の意見に同意しないことを言うと、もう「会談はなかったことにしよう」ということになり、会談が終わってわれわれが帰国するとすぐ、猛烈な干渉攻撃が始まりました。やり方はソ連と同じで、中国に同調する反党分派を作り、これが本物の日本共産党だと礼賛して、日本共産党をつぶしにかかるという攻撃でした。会談では意見の相違の焦点はベトナム支援の統一戦線の問題にあったのですが、干渉攻撃に出てきた時には、われわれの革命論に対する、レーニンの『国家と革命』を振りかざしての非難が中心でした。

われわれは、六〇年代にソ連の党と中国の党と両方の干渉と激しい闘争をして、だいぶ鍛えられました。さきほどの休憩の時間に話に出た一九七〇年代のわが党の躍進が準備されたのは、この闘争を通じてです。

それで、ソ連の党とは、攻撃が始まってから一五年たって、七九年にブレジネフ書記長との首脳会談で、ソ連側が干渉の誤りを公式に反省し、それで党関係を正常化しました。

中国共産党との関係正常化

中国の方はだいぶ時間がかかりました。「文化大革命」(一九六六～七六年)が終わった鄧小平時代に、一九八五年に関係正常化の会談をやりたいという申し入れがありましたが、中国側が持ってきたのは、「お互い、過去は水に流そう」という無反省な態度でした。しかも、彼らの干渉の落とし子である反党集団との関係は維持する、というものでしたから、これは合意に至りませんでした。

一九九八年に、江沢民《こうたくみん》、胡錦濤《こきんとう》指導部の時代に関係正常化の申し入れがあり、その会談では、中国側が過去の干渉について「真剣に総括し是正する」ということを公式に言明し、そのことを確認して関係を正常化しました。中国との断絶の期間は三二年続きました。

ソ連流「マルクス・レーニン主義」の総点検

ソ連共産党および中国・毛沢東派との論争のテーマはたいへん多方面にわたりましたが、その論争のなかで、われわれは、ソ連が中心になって唱えてきた「マルクス・レーニン主義」という従来型の理論の総点検をする必要がある、ということを感じました。そして、一九七六年の党大会で、党の綱領・規約から「マルクス・レーニン主義」という用語を削除し、「科学的社会主義」という用語を公式の呼称とすることを決めました。

この総点検の作業のなかで、われわれは、スターリン以来、マルクスの理論的到達点の重要な部分が否定されたり、歪曲《わいきょく》されたりしてきたこと、特に革命の理論、社会主義の理論の分野でその被害が大きかったことを明らかにしました。レーニンについても、彼はマルクスの理論の偉大な継承者でしたが、いくつかの重要な問題で誤りがあることを明らかにしました。

それで二〇〇四年におこなった党綱領の改定は、その研究の成果を全面的に取り入れて、いわばマルクスの本来の立場を二一世紀の新しい時代に発展的に具体化するという意志と立場でつくりあげたものです。

ソ連体制そのものの研究

ソ連そのものの研究について言いますと、われわれは、スターリン時代の五〇年代に、それからまた、フルシチョフ・ブレジネフ時代の六〇年代以後に、ソ連の覇権主義的干渉との激しいたたかいを余儀なくされました。その経験に立って、スターリン以来の覇権主義については、ずっと歴史の研究をおこない、公表もしてきましたが、ソ連という社会の実態についても、内部的な研究をおこなってきました。

ソ連の崩壊後に最初に開いた一九九四年の党大会で、私たちはソ連について、あの社会は〝社会主義とは無縁な、人間抑圧型の社会〟だったという結論的な評価を下しました。

これからの社会主義の理論と実践のためにも、ソ連が、スターリンが、どこで社会主義の道を踏み外して変質し、それからどんな間違った道に踏み出したのかということの研究が非常に重要だということを、われわれは痛感しています。かつてソ連の党内で秘密にされていた公文書がいま大量に流出し、表に出ています。われわれが受けた五〇年代や六〇年代の攻撃についても、われわれは、ソ連崩壊後にソ連側の内部文書を大量に入手しました。そこには、彼らがいかに早くから日本共産党攻撃の準備をしていたか、それから、どういう人物といつ連絡をとって、党内の分派結成の応援をしてきたか、そういうことが全部記録されています。

また、スターリン時代の国際政策についても、現在、大量のそういう公文書が公表されています。私は、党の機関誌『前衛』に今年(二〇一三年)の一月から、スターリンの国際政治において犯した誤りについての歴史を連載しています(二〇一三年二月号〜一七年七月号、単行本は同名で全六巻を新日本出版社から刊行〈一四〜一六年〉)。書いている本人が驚かざるをえないほど、恐ろしい歴史です。

以上、報告のいわば前段として、われわれがどういう理論的立場に到達しているかということを紹介しました。

二　社会主義理論研究の主要な到達点

本題の社会主義理論の研究の問題ですけれども、私は大きく言って、社会主義への過渡期の問題と、それから、目標である社会主義社会をどうとらえるかという、二つの大きな問題について報告したいと思います。

社会主義社会という目標について言えば、これは一口で言えば、人間による人間の搾取のない社会、それから、社会のすべての構成員が自由で平等な社会、これが大きな特徴だと思います。

マルクスは、社会主義の政権ができても一挙にこういう社会主義社会への移行ができるとは考えませんでした。発達した資本主義国で社会主義的な変革が起きた場合にも、めざす社会主義社会をつくりあげるにはかなり長い過程が要ると彼は考えて、その過程を「過渡期」と呼び、それを、〝資本主義社会から社会主義社会への、あるいは共産主義社会への革命的転化の時期〟と定義しています。

（1）「過渡期」をめぐる諸問題

まず、「過渡期」について報告しますが、そこには、注意する必要がある五つの問題がある、と考えています。

1　「生産者が主役」という原則

生産現場での新しい人間関係の確立

過渡期についてマルクスがなぜそれが長期の過程になると見たのか。

マルクスは、それを一世紀を超える期間になるだろうと推定していました。

社会主義への変革のためには、経済面では、生産手段を資本家の手から社会の手に移すこと、あるいは国家の手に移すことが必要になります。これは、革命政権が生まれ、そしてしっかりした政治体制がつくられたら、あまり時間がかからないでできるはずのことです。

ではなぜマルクスは、その過渡期として、発達した資本主義国でも長期の時間が必要になると考えたのか。マルクスは、社会主義的変革は、生産手段を社会の手に移しただけでは完了しないとし、生産現場で社会主義にふさわしい人間関係を確立する問題をなによりも重視したのです。

資本主義のもとでは、多数の労働者が資本家あるいはその代理人の指揮・命令のもとで作業しています。政権が変わって、今度は、資本家に代わって国家の官僚が命令し監督する体制ができた、これが社会主義だといえるかというと、マルクスはそうではないと言うのです。彼は、その状態を「奴隷制のかせ」が残ったままだと、強い言葉で批判しました。資本主義の社会で資本家がやっているのと同じことを社会あるいは国家の代表がやったのでは、生産現場が本当に社会主義の現場にならない、ということです。

社会主義というのは自由で平等な人間が共同するところに特質がある、時間がかかっても、生産現場に社会主義にふさわしい新しい人間関係、自由で平等な生産者の共同という新しい関係をつくる努力がどうしても必要になる。ここに、マルクスが過渡期の研究でもっとも重視した問題がありました［★］。

★　マルクスの過渡期の研究　この問題についてのマルクスの研究は、『フランスにおける内乱』（一八七一年）の第一草稿にあります（全集⑰五一七～五一八ページ。本書一三二～一三三ページ）。マルクスの考察の全文およびその解説は、不破『古典教室』第二巻の二一三～二一二ページを参照してください（ベトナム代表団には、ベトナム語版でマルクスの文章の関係部分を指摘しました）。

ソ連には「反面教師」ともいうべき実例があった

私は、この問題の重要性を示す「反面教師」ともいうべき実例が、ソ連にあったと思います。

ソ連では、確かに生産手段の「社会化」という形はありました。工業では「国有化」、農業では「集団化」が実現しました。しかし、実際には、生産者は経済の管理から締め出されており、抑圧される存在でした。しかもその経済を数百万という囚人労働で支えるという異常な体制がつくられました。この経験は、生産現場の人間関係を見ない、ただの「国有化」や「集団化」が、間違った体制のもとでは、社会主義どころか、人間抑圧の一形態になってしまうという最悪の実例を提供していると、われわれは見ています。

生産現場での人間関係の確立を、マルクスは「過渡期」の大きな問題として提起したのですが、ここには、これまで意識的な探究がおこなわれてこなかった問題があると考えています。そして、私たちは、そのことを党綱領に、生産手段の社会化がどのような方法、形態でおこなわれる場合でも、生産者が主役という社会主義の原則を踏みはずしてはならない」と、規定しました［★］。

★「生産手段の社会化は、その所有・管理・運営が、情勢と条件に応じて多様な形態をとりうるものであり、日本社会にふさわしい独自の形態の探究が重要であるが、生産者が主役という社会主義の原則を踏みはずしてはならない。『国有化』や『集団化』の看板で、生産者を抑圧する官僚専制の体制をつくりあげた旧ソ連の誤りは、絶対に再現させてはならない」（党綱領第一六節より）。

私たちは、いま現に社会主義をめざす道を進んでいる諸国の党に、社会主義社会にふさわしい生産関係の人間関係をどうつくりあげるか、その問題がどう探究されているか、その経験を期待するものです。

2　過渡期における市場経済――資本主義部門との共存とその克服

次の問題は、過渡期における市場経済の問題です。

私たちは、ベトナムと条件が違いますが、日本が将来直面する過渡期についても、市場経済を通じての社会主義への移行が法則的な道になると考え、綱領にもそのことを規定しました。［★］

★「市場経済を通じて社会主義に進むことは、日本の条件にかなった社会主義の法則的な発展方向である。社会主義的改革の推進にあたっては、計画性と市場経済とを結合させた弾力的で効率的な経済運営、農漁業・中小商工業など私的な発意《ほつい》」の尊重などの努力と探究が重要である。国民の消費生活を統制したり画一化するいわゆる『統制経済』は、社会主義・共産主義の日本の経済生活では全面的に否定される」（党綱領第一六節より）。

日本の場合にはベトナムとは事情がだいぶ違います。おそらくわれわれの場合には、現在、資本主義的市場経済が支配していますから、そのなかに社会主義的な政権が社会主義部門を作り出してゆくという過程になると思います。

ですから日本でも、社会主義的政権のもとで、社会主義部門が資本主義部門と共存する時期が必ず生まれてきます。

この問題はマルクスが予想しなかった問題でした。それで、レーニンが革命後のロシアの経済的現実と必要から、その道に新たに踏み出した問題でした。私たちは、ベトナムや中国が八〇年代にこの道に踏み出したことを、賢明な選択だったと評価しています。

日本と違うのは、ベトナムと中国の場合には、社会主義への発展を国の大方針として決定した後で、市場経済を導入し、それによって、資本主義企業の参加を認めるというプロセスをとったのに対し、日本では、資本主義市場経済の中に、政権が社会主義部門をつくりだし発展させてゆく、こういうプロセスをとる、という違いにあります。

どちらの場合にも共通点は、過渡期では社会主義部門と資本主義部門との共存になるという点にあります。そして、この共存の時期は、国によって長さは違うでしょうが、社会主義の勝利で終結させてこそ、過渡期を終了させ、社会主義社会への転化という新しい社会に進むことができることは、明らかだと思います。資本主義部門を共存させたままで過渡期が終了することはありえません。資本主義部門というのは、あくまで、搾取、利潤第一主義を原理とする経済部門ですから、これを乗り越えてこそ、その社会は新しい段階に前進できると思います。

私は、二〇〇二年に訪中した際に、中国の社会科学院で講演を要請されて、「レーニンと市場経済」という題目で話をしたことがあります。レーニンが新経済政策と称して市場経済の導入を決意した時に、どんな問題を重視したか、その論点を整理したものでした。いくつかの点があります。

一つは、資本主義経済の導入が、ロシアが経済的な力をもつために必要だった、ということから生まれてきたことです。つまり、社会主義部門が市場での競争や資本主義部門との共同関係を通じて、資本主義部門に負けない力を自分が持つようになること、その立場から、内外の資本主義から学べるものはすべて学びつくすこと、これが必要だという点です。これは来るべき発展段階で、資本主義部門をもはや必要としないだけの力をその国が準備するという意味をもちます。

二番目は、過渡期が社会主義へ向かう方向性を確保するためには、経済全体の要をなす「瞰制《かんせい》高地《こうち》」――これはややこしい言葉ですが、これを社会主義の部門としてしっかり握って、それが経済発展を方向づける力を発揮できるようにする、この問題です。「瞰制高地」というのは軍事用語からレーニンが転用した言葉で、戦場を全部見渡せるような高地を確保する、という意味です。ベトナムでは、対フランス戦争の時、ディエンビエンフーで、相手の陣地を見渡せる周囲の高地を全部押さえて、勝利したと聞きますが、そういう意味です。

何が瞰制高地の役割を果たすか、ということは時代と経済的条件によって違います。レーニンの場合には、「すべての土地と工業の最も重要な部分」、あるいは「工業と運輸の部門の生産手段の圧倒的部分」、これを社会主義国家が握り続けることを、強調しました。私は中国との理論交流では、それにくわえて、「経済のマクロ・コントロールの陣立て」、つまり計画経済の陣立てを十分な財政的、経済的裏づけをもって握っていることの重要性に注目しました。

三番目の問題は、市場経済が生みだす否定的な諸現象から社会と経済を防衛することです。

市場経済は無政府性や弱肉強食的な競争が特徴です。そこから雇用不安や失業、社会的な経済格差など、いろんな問題が生まれます。その抑制のためには、社会保障の諸制度をふくめ社会的な規制が必要になります。

それから、「カネが全て」という拝金主義や各種の腐敗現象です。それが公的機関を汚染すると、それらの機関の官僚主義とか専制主義とかのゆがみをひどくします。これに対しては、公的機関そのものの自己規律とともに、下からの人民的な監督と点検という体制が重要になります。

レーニンは、こういうものとたたかう上で、労働者のストライキを認めることが大事だと強調しました。彼は新経済政策で市場経済導入を決めた時に、労働組合のストライキの権利をどうとらえるかという問題を取り上げて、国家の官僚主義的な歪曲《わいきょく》や誤り・弱点とたたかい、国の統制を逃れようとする資本家の階級的欲望とたたかうためには、ストライキ権を手放すことはできない――こういうテーゼを作りました。

3　過渡期における世界経済秩序の問題

「グローバル化」の言葉には二つの意味がある

過渡期の問題では、世界経済との関係も重要になります。

いま、世界経済という時には、「グローバル化」という言葉がしきりに言われます。「グローバル化」ということには二つの意味があって、一つは、世界のあらゆる国ぐにの経済関係が非常に緊密になる、それが避けられないという問題です。もう一つは、「グローバル化」の名のもとに、社会体制の違う、また経済の発展段階の違う世界のさまざまな国ぐにを、すべて資本主義的市場経済のルールの中に吸収してしまおうという傾向の問題です。この二つの問題は、きちんと区別してとらえる必要があります。

私はいま、第二の傾向が、世界で非常に危険な意味を持ってきていると考えています。たとえば、どんな国でも、比較的おくれた経済段階から出発して、自立した成熟した経済を持とうと思ったら、どうしてもやりとげなければならない問題・課題があります。それは、工業の発展で人民の日常の需要を賄う消費手段だけでなしに、それを生産する生産手段の生産も、主要な部分は自前で生産する体制を作らないと、経済的な主権の基礎をつくりだせない、ということです。発展段階の遅れた国がこの課題に取り組み、自分の、自前の重工業部門を作り上げようという時に、この分野で高度に発達した国の生産体制と、資本主義的な市場経済のルールに従って競争しようと思っても、それは絶対に成り立つことではありません。日本にしてもドイツにしても、世界の資本主義国で遅れて登場した資本主義国では、その出発点においては、例えば重工業部門をつくりあげる時には猛烈な国家投資を強行しました。

ですから、今後の世界の経済秩序を考える場合には、そういう問題を深く考慮する必要があります。

レーニン時代のジェノバ会議の経験

ロシアも社会主義の道に踏み出した時に、この問題に直面しました。

ロシアでソビエト政権がうまれたとき（一九一七年）、資本主義の世界は最初はソビエト体制を受け入れないで、干渉戦争でこれをつぶそうとしました。ロシアがこの戦争に勝利して、社会主義を目指す国としての存立を世界に認めさせた時、資本主義世界の側では、この国をどういう形で受け入れるかという問題を問われることになりました。「資本主義の世界にそのまま入ってこい」というわけにはゆかない。それぐらいのことは九〇年前の資本主義国の指導者たちでも考えたのです。それで、一九二二年にジェノバ会議という国際経済会議にソ連を招待するときに、〝われわれはこういう原則であなた方を招待する〟という会議招請の原則を決めました。それは、〝どの国の国民もその国の経済の制度と政治の制度については自分で選択する権利がある。自分の制度を他の国民に要求する権利は誰ももたない〟、こういう原則です。ロシアは、まだ経済力の弱い国でしたが、その立場で、ヨーロッパやアメリカの資本主義国と共同の会合、初めての国際会議に参加したのです。

新しい国際経済秩序の探究が世界的な課題

いまでは、当時にくらべれば、社会主義をめざす国の世界的な比重ははるかに大きくなっています。資本主義的な世界のなかでも、発展途上国の多くの国が政治的独立を確保し、そういう国ぐにの比重が非常に大きくなっています。現在の世界では、おくれた段階を克服して先進的な工業力、経済力をもつ民族的な任務、課題に直面している国が圧倒的に多いのです。

そういう点で、体制の違う国、それから発展段階の違う国が、それぞれ独立平等の立場で参加できるような新しい経済秩序を探究することが、私たちは今、世界の課題になっていると思います。

ところが、一〇〇年前には資本主義世界の指導者も分かっていたことが、今の相対的には立場の弱くなった資本主義世界の指導者たちは分からないのです。「グローバル化が世界の流れだ」と称して、資本主義的市場経済のルールを、特にアメリカの市場経済のルールを世界に押し付けようとしています。この波に巻き込まれれば、私たちの日本でさえ、たいへんな被害を受けることになります。われわれは他の国の外交政策に介入するつもりはありませんが、しかしこの問題は世界の多くの国ぐににとって自国の経済の自立を獲得するためにはどうするかという点で、非常に深刻な問題になりつつあると思っています。

4　革命の世代的継承の問題

新しい世代はどのようにして社会主義的自覚を持つか

過渡期の問題で、いろいろな国ぐにの経験を見ながら考えていることは、革命の世代的継承が非常に重要になるということです。

最初に革命を起こすときには、人民の全体が資本主義の害悪、帝国主義の害悪というものを経験し、それを乗り越える新しい社会をめざす意識を人民の多数が当然に持ちます。それが、民主主義革命の場合にも社会主義革命の場合にも、革命の原動力とも基礎ともなります。

しかし、社会主義の建設に到達する過渡期は長期性を持ちますから、当然、その時代、時代は、革命を経験しない新しい世代が担うことになります。その世代の人間が、どのようにして社会主義をめざす自覚を持つかということは、革命論のなかでもまだしっかり解決されていない、新しい問題だと思います。

たとえば過渡期には、社会主義の部門と資本主義の部門との共存がどこの国でも特徴になるということについて、さきほど言及しました。国民はその両方を見るし、経験するわけです。国の条件によりますが、ある場合には、社会主義をめざす部門のほうが技術的にも遅れていたり、資本主義の部門のほうが技術的に優れていたりといった場合がしばしば起こるはずです。だからこそ、進んだ資本主義の部門の技術とか経験とか知恵とか、そういうものを学びつくして、それを社会主義の部門が成長する力にする必要があるわけですが、そのことを、新しい世代が本当に自分の意欲とし自分の力とする、その活動がたいへん大事だと思います。

これは私たちにとってはかなり遠い先の問題ですが、私たちは、綱領に関連して、その問題についての解答を研究しています。

やはり、その場合には、到達すべき社会主義の社会、搾取のない自由で平等な社会というものがいかにそれぞれの国の将来にとってすばらしい展望であるかということの確信が必要です。そして、いま共存している資本主義の部門についても、それがどんなに経済的に優れた特徴を持っていても、それはあくまで、そこから学びとるべき対象であって、将来的には乗り越えるべき存在だという認識を国民が持つことも大事です。

中国などでも、指導部については革命の「第一世代」「第二世代」「第三世代」という世代論が問題になります。しかし、それを支える国民、人民の側が、世代が代わって、革命を経験したことのない世代が担い手になっているということについて、あまり大きく注目した観点というものを私たちはまだ見ていません。

これは余談ですが、この問題について、中国との理論交流で提起したときに、参加した中国側の同志が、「そう言えば自分の子どもはどうだろうか」という話を経験的にしていました。くり返しますが、私たちにとってはかなり将来の問題ですが、ここにあらかじめ研究すべき大事な問題があるということをわれわれは感じているわけです。

この問題でのベトナムの経験から

（ここで、ベトナムのディン・テー・フイン団長が発言を求め、次のような問答がありました）

フイン団長　われわれもそう思います。これは非常に重要な問題です。これは理論だけでなく、党の思想の問題にも直接関連があります。国民、とくに若い世代に、社会主義にかんすること、資本主義を乗り越える意識を教える、教育することが非常に大事だと思います。この問題にいま非常に配慮していますが、いまはまだちゃんとできていません。日々体験していることを実証的に比較する、その意識を持つことが重要だと思います。

とくに、ベトナムは対外開放後、いまは国際統合を進めていますが、国民は外国の資本主義国とわが国を常に比較します。外面だけを見れば、資本主義諸国が技術も管理も、さまざまな面でわれわれより高いレベルにある。そのため、深く分析し、国民が問題の本質を理解するように努力しなければならないと思います。

たとえば、ベトナムではいま六歳以下の子どもは無料で医療を受けている。それからすべての貧困層は、健康保険を無料で受け取っています。まだ保険、医療には制約がありますが、ベトナムでの社会主義の優越性を示すことだと思います。やはり、比較する際も、深く分析することが、問題を理解するのに必要だと思います。

日常生活のなかでは、外面的に見れば資本主義のほうがわれわれより発展しているということがあるかもしれませんが、問題の本質を知るためにはやはり深く分析する必要があります。

具体的に資本主義部門という用語について少し説明していただきたい。（経済における）資本主義的要素ですか。

不破　私たちは、たとえば外国企業がベトナムの中で経済活動している時は、これは資本主義部門だと思っています。

フイン団長　それは一部ですか？

不破　私どもは、一九九九年に訪問したときに、富士通の工場を南で見ました。これは日本の資本が経営している非常に大きな工場で、これは資本主義部門です。それから、ベトナムの国内でも、ベトナムでは「私的部門」と呼んでいるようですが、私的な資本家が経営している工場は経済学的、社会的には資本主義部門に属します。

フイン団長　ベトナムには、多セクター経済と言いますが、さまざまなセクターがあります。資本主義セクター、個人セクターなどがありますが、たぶんそのセクターは、資本主義セクターで資本主義部門の一つの要素だと思います。

不破　これも余談ですが、数年前に中国の党学校の同志が来て、私に質問したことがあります。「いま中国では、中国のなかに搾取があるかどうかについて議論がある。ある人はすべて社会主義志向の経済の一部門を構成して、社会主義の法律に従っているのだから、搾取はないという人がいる。しかし、私はどうも搾取があるのではないかと考えている」と。

それで、私は、たとえば中国のある企業がアメリカに投資して、ＩＢＭという大企業の一部門を買収した。中国からは責任者が一人行って経営をしているけれども、これはアメリカ労働者を搾取しているのだ。全体が社会主義の法律を守っているという意味で社会主義市場経済の一部門であっても、そこには立派に外国や中国の資本主義があるのだ、という話をしたのです。いまはいかに共存関係にあっても、そこの区別をきちんと認識していることが、私は将来の発展を見る場合に大事だと思っています。

フイン団長　われわれも、そういうことを認識しております。われわれとしては、搾取を認めるという自覚も持っています。高い技術を勉強するためには、外国企業を認めることがあります。われわれの問題というのは、法律を使用して、剰余価値を調節することです。過渡期における社会主義部門の企業においても、搾取もあると思います。しかし、その剰余価値が一人の個人の手に入らずに国家に入って、国のインフラ整備などの財源になるということです。

外資企業にたいしては、われわれとして、そのハイテクの導入、管理の仕方、工業施設などのために認めますが、われわれは、税の政策を通じて、企業の剰余価値をふたたび分配します。つまり、国のインフラ整備、社会保障などのためにその税を使っています。

不破　それは正確な態度です。その点で、われわれの見地が接近していることを確認しました。先へ進んでよいですか。

5　過渡期の国家形態

過渡期の問題で、最後に述べたいのは国家形態の問題です。

マルクスは、過渡期の政治形態はプロレタリアートの「ディクタトゥール」、執権と特徴づけました。これは、特別の国家形態を規定したものではなくて、過渡期の国家の階級的内容であり、資本主義社会から社会主義社会への転化の過程を推進し、完了させるという、その政権がになう任務を規定したものです。

政治形態の問題では、マルクスは、民主共和制を、資本主義社会のなかで人民がかちとった価値ある体制であって、これを社会主義社会に引き継ぐべきものだと評価し、ここに社会主義権力の「特有な形態」があるとまで意義づけました。

わが党は、この見地から、社会主義政権の確立ののちにおいても、反対政党の存在、選挙による政権交代、そして社会主義をめざす道の一歩一歩において選挙で国民多数の意思を確認しつつ前進する、こういうことを綱領に明記しています〔★〕。こういう路線での前進を実現するためには、党としても、国民のあいだで権力を獲得する時期以上の活動をし、多数者を獲得する努力を不断に強化するという任務をになうことになります。

★「さまざまな思想・信条の自由、反対政党を含む政治活動の自由は厳格に保障される。『社会主義』の名のもとに、特定の政党に『指導』政党としての特権を与えたり、特定の世界観を『国定の哲学』と意義づけたりすることは、日本における社会主義の道とは無縁であり、きびしくしりぞけられる」（党綱領第一五節より）

われわれのように、議会で多数を獲得して権力をめざすという方法をとっている国と違って、議会的な活動の条件がなく、革命戦争の方法で新しい国家の建設に着手した国には、特別な条件が当然あると思います。

しかし、歴史のなかには、そういう場合でも民主共和制の積極面を取り入れようとした探究がいろいろあります。

たとえば、十月革命のあと、干渉戦争の時期のレーニンの態度がそうでした。干渉戦争中のレーニンの文献を読んでいると、ソビエトの全国大会の討論の結語で、レーニンが反革命の政党にたいする反論を盛んにやるのです。どこかよそでやっている発言について反論しているのかと思うと、そうではありませんでした。内戦中でも、地方のソビエトで、メンシェビキとかエス・エルとかの反革命派が代議員に選ばれてきてソビエトの全国大会に出席していました。そして彼らが大会でソビエト政権批判の議論を大いに展開する。それを結語で、レーニンが見事に論破して打ち破るわけです。この論戦が、現実に全国的におこなわれている政治活動、内戦中に全国の諸勢力をソビエトの側に結集する活動に大いに役立ったのです。

そのうちに、地方でもそういう人たちが代議員に選ばれることがなくなります。そうするとレーニンは、特別代議員として招待して彼らにまた大会で発言させるのです。こういう言論戦を公然と展開することで、国民の政治的教育と結集に役立てたのだと思います。

私たちは、前にもお話ししたように、三二年間の断絶を経て一九九八年に中国共産党との関係正常化をしましたが、その最初の首脳会談で、胡錦濤同志との会談でしたが、将来の展望の問題として、次のようなことを提起しました。

「将来的には、どのような体制であれ、社会にほんとうに根をおろしたといえるためには、言論による体制批判にたいしては、これを禁止することなく、言論で対応するという政治制度への発展を展望することが、私たちは重要だと考えます。レーニン時代のロシアでも、いろいろな権利制限の措置がとられましたが、レーニンは、それは革命の一局面の過渡的な制限であって、将来は制限をなくすということを、理論的にも政治的にも明確にしていました。将来的なそういう方向づけに注目したい、と思っています」(不破『日本共産党と中国共産党の新しい

関係』一〇一ページ）

その後、理論交流の機会には、この点についてもかなり詳しく問題提起をしましたが、そういうことを考えています。

以上が、過渡期の問題で私たちが提起している問題です。

次に、大きな問題として社会主義社会・共産主義社会の目標について述べたいと思います。

（2）社会主義・共産主義社会の目標

第二の大きな問題に入りますが、私たちの党にとっては、社会主義社会・共産主義社会というわが党の目標は、かなり遠い目標です。しかし、日本の世論にとっては、社会主義というとやはりまずソ連を思い出すのが普通の常識です。われわれは、ソ連を社会主義とは異質の存在だったと見ていますが、われわれがめざしている社会主義とは本来どんなものかということを明らかにすることは、いまの仕事をやる上でも非常に大事な任務になっています。

その立場から、党綱領のなかでも、社会主義・共産主義社会の目標を、どのように記述するかには、ずいぶん力をいれました。

1　レーニンの定式の問題点

マルクスは、社会主義をめざしてたたかいながら、社会主義の目標を、これが実現したら人類の社会の歴史のなかで新しい段階を開くものだと意義づけました。そして、それまでの奴隷制、封建制、資本主義の搾取社会の歴史を人類社会の「前史」、いわば本来の歴史に入る前の段階だと呼んで、社会主義とともに人類社会の本来の歴史、「本史」が始まるとしました。

ところが、これまでのわれわれの社会主義論というのは、『国家と革命』のなかでのレーニンの定式によっていました。

これは、社会主義の社会には二つの発展段階があるというもので、最初の段階は「各人は能力に応じて働き、労働に応じて報酬を受ける」というのが原則になる、第二の高度な段階は、共産主義社会の段階と呼んで、「各人は能力に応じて働き、必要に応じて生産物を受けとる」、これが原則なのだとされました。社会主義の社会は、こういう形で進むものだというのが、われわれのいわば国際的な常識になっていました。

しかし、どうもこれでは、マルクスが人類社会の新しい時代が開かれると特徴づけたような壮大な展望が見えてきません。それで、われわれはレーニンの定式を見直してみました。

これは、マルクスの「ゴータ綱領批判」という文章を根拠にしたものですが、その文章は実は、マルクスがドイツのラサールという人物の間違った立場を批判するために書いたものでした。ラサールは、社会主義の一番大事なことは「公正な分配」だと論じていました。それにたいして、マルクスは、「公正な分配」という空文句で社会主義が説明できるか、その立場ではこんな矛盾に落ち込むぞ、という形で、その考えを批判したのでした。

実は、マルクスは、その批判を書いたすぐ後の部分で、誤解されないようにと、特別の注意書きを書き添えていました。私は、レーニンは、その注意書きを読み落としたと思っています。そこで、マルクスは、私は、ラサールを批判するために分配問題についてかなり突っ込んで議論をやったのだが、そこを誤解して、社会主義社会の問題を分配の問題中心に考えてはいけないよ、ということを、かなり念入りに強調しています［★］。

★　マルクスの注意書き　古典選書『ゴータ綱領批判／エルフルト綱領批判』三一～三二ページにあります。その解説は、本書一五九～一六六ページや不破『古典研究　マルクス未来社会論』（二〇〇四年、新日本出版社）の「第一部　『ゴータ綱領批判』の読み方」を参照してください。

この立場で見ると、いままでわれわれが常識だとしていたレーニンによる社会主義論というのは、生産物の分配方式をもっぱら中心問題にしていること、その変化が社会主義段階から共産主義段階への発展の要になると見ていることなど、大きな問題がありました。そこからは、マルクスが社会主義とともに人類の本来の歴史が始まると言ったような壮大な展望は出てこないのです。

もともと、マルクスには、将来の社会について、社会主義の段階と共産主義の段階を段階論的に区別するといった見地は存在しませんでした。たとえば、その時期、だいたい著作の時期によって用語が違います。『資本論』では、未来社会を「共産主義社会」と呼び、『空想から科学へ』とか『反デューリング論』などでは、未来社会を「社会主義社会」と呼んでいます。『共産党宣言』では「共産主義社会」です。著作の時期によって呼び方が違うだけであって、名称で未来社会の発展段階を区別することはしていないのです。

2 マルクス本来の未来社会論

マルクスが、未来社会について一番詳しく展開した分析は、実は、『資本論』第三部にありました。

「時間は人間の発達の場」――「自由の国」と「必然性の国」

私たちは、そこに科学的社会主義の未来社会論のいちばん重要な、そして発展的な内容があると考えて、これを綱領の根本にすえました。

少し入りくんだ議論になりますが、マルクスは、人間の生活時間を「必然性の国」と「自由の国」という区分で分けて説明しています。「必然性の国」というのは、社会と自分自身を維持する、生活を維持するための物質的生産労働に当てなければならない時間のことです。「自由の国」というのは、それ以外の、人間が自由に使える生活時間のことです［★］。

★ マルクスの「自由の国」論　マルクスは、本格的な未来社会論を、『資本論』第三部の最終編（第七篇）の冒頭部分で展開しました（『資本論』新日本新書版⑬一四三四～一四三五ページ）。マルクスの展開の全文およびその解説は、本書九三～一〇四ページや不破『古典教室』第二巻二二五～二三八ページを参照してください。

階級社会では、支配されている階級――農民や労働者階級が、社会全部の物質的生産をになっているために、生活時間のほとんどすべてを物質的生産に当てなければなりません。ですから、知的な活動というのは、そういう生産的労働に従事しない支配階級や一部の特別な人々の部類にしか保障されていません。

しかし、資本主義時代に発展した生産力の高度な発展を土台にすれば、そして、社会の全体が物質的生産労働を分担して担うようになれば、すべての人間が十分な自由な時間をもつことができるようになります。

マルクスは、「時間は人間の発達の場だ」という言葉を残していますが、社会のすべての人間が自由な時間を持つようになれば、これを遊びに使うことも休養に使うことも自由ですが、自分の持っている知的、肉体的能力のすべてを発展させる人間的発達の条件が社会のすべての構成員に保障されるようになります。いわば全社会が知的な活動をになうわけで、社会のすべての人間の能力が社会の発展のために活用される、まさに新しい時代が始まることになります。

その人間の発達によって、科学・技術の面でも、搾取社会とは比べものにならないぐらい高度な発展をとげるでしょう。それは必ず物質的生産に反映して、より短い時間で社会を維持することができるようになるでしょう。

すべての人間に発達の機会を保障しながら、その力を活用して人間社会が前進してゆく、ここにマルクスは未来社会が本当に人類社会の「本史」、本来の歴史となる根拠を発見しました。

第二六回党大会で新しい提起――資本主義社会はたいへんな〝浪費型〟の社会

私たちは、来年(二〇一四年)の一月にひらかれる党大会(第二六回)には、この未来社会論をより身近なものにするために、一つの具体的な提起をしています。

資本主義社会というのは、たいへんな〝浪費型〟の社会です。

現在の世界の統計を見ると、物の生産と分配にかかわる〝実体経済〟よりも〝金融経済〟というものは三倍をこえる巨大な大きさになっています。本来の社会主義社会が実現したら、こういうものの大きな部分はまったくムダな部分になります。

さらに、資本主義経済は、企業の利潤のための生産ですから、たとえばある製品が国民全部に行き渡ったとしても、絶えず新しい改良型の製品を売り込んで国民に買わせなければいけません。昔はテレビとか洗濯機とか電気器具というものは「耐久消費財」、長持ちする消費財と言われたものです。しかしいまでは、こういうものはすぐ新型が出て、古い型は部品を交換しようと思ってももうないと言われ、新型の購入を強要されるのが当たり前になります。これも利潤第一主義が生み出した「大量生産、大量消費、大量廃棄」という二一世紀型の非常に極端な浪費現象です。

私たちは大会決議案で、こういうことを指摘して、社会主義が日本社会にどんな展望を開くかを具体的に示しました。

資本主義から社会主義に転換したら、この浪費をなくしたら、いまの日本の到達している生産力の水準でも、「すべての国民に健康で文化的な生活を保障する条件は十分に備わっている」、さらに、経済のムダな部分を削りとって、国民に必要な生活のためのその労働をすべての国民が分担をしたら、すべての国民に自由な時間、「自由の国」が保障される。そういう変革を実現する政治的条件をつくるのは大事業だが、客観的には、これは決して遠い将来の問題ではない。

この提起は、非常に大きな反響を党内外に呼んでいます。

ここでは、社会主義論の二つの問題にかかわるマルクスの文章を三点だけ紹介しましたが、これらの点は、これまでの世界の運動のなかでの社会主義論にとっては、注目されなかった点です。

未来社会をどう呼ぶか

私たちが綱領の最後の章で、「社会主義・共産主義の社会」と呼んでいるのには理由があります。先ほど申し上げたように、マルクス、エンゲルスにとっては、社会主義という言葉と共産主義という言葉は同じ意味のものです。しかし、私たちは共産党ですから、共産主義という名前も捨てるわけにはいきません。また、科学的社会主義を指導理論にしている党ですから、社会主義という名称も捨てるわけにはいきません。なにしろ、この理論の発信地であるマルクス、エンゲルス自身が、この両方の言葉を自由に使っているのですから。こうして、わが党の党員がどちらを使っても綱領に違反していると言えないように両方の名前をつけたのです。私たちも、ものを言うときに、いちいち両方は言いません。舌をかみますから。（笑い）

フイン団長　私たちは「社会主義」という用語のほうをもっぱら使っています。われわれも、社会主義・共産主義も一つと理解しています。

不破　あなた方は一九七六年に党名を「共産党」に変えました（笑い）。私はその大会にも参加しました［★］。

★　ベトナムの党は七六年の第四回大会で党名を労働党から共産党に改称しました。

フイン団長　われわれは、社会主義のほうをよく使っていますが、こちらの方が身近な感じがあります。それから、われわれは、同時に二つを使うことはあまりないですね。要するに、同志と共通点が多いと思います。

不破　その点も一致していますね。

（「しんぶん赤旗」二〇一四年一月八～一〇日付）

『共産党宣言』と日本共産党の発展

――『共産党宣言』一七〇周年を記念する『中国社会科学報』への回答――

今年（二〇一八年）七月、中国の社会科学院から、『共産党宣言』一七〇周年を記念するアンケートが、日本共産党の不破哲三社会科学研究所所長に寄せられていました。そのアンケートへの回答が、中国社会科学院の社会科学報『馬克思（マルクス）主義月刊』一八年九月二七日号に、「『共産党宣言』と日本共産党の発展」という表題で掲載されました。そのさい、インタビュー形式にしたり、質問の順序を変更するなど、編集の手が若干加えられていますが、本紙では回答の原文を紹介します。（見出しは編集部）

日本共産党の創立と『共産党宣言』

第一に、『共産党宣言』と日本共産党との根源的な関係についてお聞かせください。すなわち、『共産党宣言』がどのように日本に伝わってきたのか、後世の人々が振り返るのに値する、かつハイライトとなる歴史を重点的に語ってください。日本共産党員にとって、『共産党宣言』に初めてふれた時、この著作をどのように認識したのでしょうか。当時の日本共産党員の思想状況はどのようなものだったのでしょうか。

不破　社会主義運動の先覚者たちは、二〇世紀早々から、『共産党宣言』を読んで発言していますが、その日本語訳が最初に刊行されたのは、一九〇四年一一月でした。社会主義者の堺利彦と幸徳秋水《こうとくしゅうすい》の共訳で、日露戦争反対の論陣をはっていた平民新聞に掲載しました。しかし、この号は政府によってただちに発売を禁止されました。

堺利彦は、その二年後の一九〇六年、雑誌『社会主義研究』を創刊、その第一号に『共産党宣言』の全文を掲載しましたが、発行部数の少ない研究雑誌だったためか、これは発売禁止の弾圧をうけず、戦前の日本で、『共産党宣言』が合法的に刊行された唯一の日本語訳となりました。

とくに、一九二二年に日本共産党が創立されて以後は、言論・出版面での弾圧はいよいよ強烈となりました。一九二八～三五年に、多くのマルクス主義研究者の協力によって、『マルクス・エンゲルス全集』（全二二冊）が発行され、世界的にも戦前唯一の全集となりましたが、ここでも『共産党宣言』だけは、収録を許されませんでした。

しかし、言論弾圧のこの体制のもとでも、非合法での『共産党宣言』の出版はくりかえしおこなわれ、手から手へという方法で流布《るふ》され、そこに記された革命理論は、多くの先進的な人々の共有財産となりました。このことが、一九二二年七月の日本共産党創立への大きな力となったことは、言うまでもありません。

党の理論建設における『宣言』の役割

第二に、『共産党宣言』は日本共産党に対してどのような理論建設の意義を持っているのでしょうか。すなわち、『共産党宣言』の中にあるマルクス主義思想の観点、方法が、日本共産党の思想・理論の建設にどのように影響したのでしょうか。

不破　日本共産党の綱領は、党の創立とその意義を、冒頭につぎのように規定しています。

「日本共産党は、わが国の進歩と変革の伝統を受けつぎ、日本と世界の人民の解放闘争の高まりのなかで、一九二二年七月一五日、科学的社会主義を理論的な基礎とする政党として、創立された」

そのことは、党規約でも、第二条に明確に規定されています。

「党は、科学的社会主義を理論的な基礎とする」

ここに表明されているように、私たちは、党全体として、思想・理論の建設においても、各分野での党活動の推進においても、科学的社会主義の立場を貫く努力をしています。

私たちは、この理論を表現するのに、公的には「科学的社会主義」という用語を使っています。それは、マルクス自身が自分の理論的立場を表現するさい使った言葉で、内容的には、マルクス主義と同義語だとご了解ください。

『共産党宣言』は、マルクスにとっても、科学的社会主義者としての理論的発展のいわば起点であって、マルクスは、ここを出発点に、理論の全領域でその学説を発展させるために、あらゆる努力をつくしました。マルクスが、剰余価値の学説に到達したのは、『宣言』から二〇年近くを経た後でしたし、社会主義・共産主義の理論にも、革命運動の理論と路線にも、多くの発展がありました。そのマルクスの理論を学ぶさい、私たちは、「マルクスをマルクス自身の歴史の中で読む」ことをスローガンにしています。

理論学習では古典の全体を重視する

第三に、世界に影響を与えた革命的著作として、日本共産党は党員に対してどのように『共産党宣言』を利用して、理想教育、学習を展開しているのですか。すなわち、書物上の理論から行動理論まで、『共産党宣言』のどのような思想的内容が日本共産党員に深く影響を与えているのでしょうか。

日本共産党員はマルクス主義理論の思想的武器をどのように理論的に学び、つかんでいるのでしょうか。またどのように思想的武器を運用して日本社会を分析し、さらには日本共産党の建設事業を推進しているのでしょうか。

不破　私たちは、先の質問にお答えした立場から、『共産党宣言』だけに限定せず、マルクス、エンゲルスの古典の全体の学習を重視しています。日本共産党の中央委員会内部でも、『資本論』のゼミナールを一年間（二一回）実施したり、古典講座と綱領講座を並行して一年間おこなったりしてきました。この並行講座は全国でインターネット中継をおこない、また講義内容を冊子にして、学習を全国的に広げています（『「資本論」全三部を読む』『古典教室』『綱領教室』いずれも新日本出版社刊）。古典の講義のなかでは、もちろん、マルクス、エンゲルスが『共産党宣言』で展開した革命理論や社会主義・共産主義の理論が、その後の理論的発展を含めて、解明されています。また、青年組織である民主青年同盟では、日本共産党の幹部がその学習集会でおこなった講義『マルクスと友達になろう』をテキストにした学習活動がひろがっています。

現実の情勢や直面する運動の課題の分析では、古典を教条にし、その物さしに現実を当てはめるような態度ではなく、科学的社会主義の核心、その科学的・革命的精神を体得して、二一世紀の日本と世界を分析することを重視しています。

『共産党宣言』における未来社会論

第四に、日本共産党自身の発展の実際と結びつけ、『共産党宣言』が刊行されて一七〇年後に、今日の日本共産党および未来の日本にとって、どのような意義があるのかを語ってください。

不破　『共産党宣言』が、科学的社会主義の学説の起点としての意義を持っていることは、すでに述べました。

設問の中に、「未来の日本」という言葉がありましたが、この点でも、『共産党宣言』には、現代の世界で重要な意義を持つ命題があります。それは、私たちの運動の、世界的にも共同の目標となるべき未来社会についての、つぎの命題です。

「階級および階級対立をもつ古いブルジョア的社会の代わりに、各人の自由な発展が、万人の自由な発展の条件である結合社会（アソツィアツィオーン）が現われる」

マルクスの死後のことですが、エンゲルスが、イタリアの一社会主義者から、「きたるべき社会主義時代の理念を簡潔に表現する標語を示してほしい」という依頼の手紙をうけたことがありました。この質問に対して、エンゲルスが回答の言葉としたのが、『共産党宣言』のこの言葉でした。（この経緯については、本書六〇～六一ページ参照）

マルクスは、『資本論』のなかでも、未来社会について語るとき、「自由な人々の連合体」（第一部第一篇「第一章　商品」）、「各個人の完全で自由な発展を基本原理とする、より高度な社会形態」（第一部第七篇「第二二章　剰余価値の資本への転化」）など、「自由」あるいは「自由な発展」

という言葉を、必ずと言ってよいほどくりかえしました。「自由」は、それほどに未来社会の決定的な特徴とされました。

では、その「自由」とはなにか。

政治的抑圧からの自由、経済的搾取からの自由、これが、未来社会における「自由」の重要な内容をなすだろうことは、当然のことです。

さらに、マルクスは、その後の研究、とくに『資本論』への取り組みのなかで、「自由」という言葉の持つ、未来社会にとっての特別の意味を明らかにしました。

それは、未来社会では、すべての人間に「自由な時間」、どんな外的な義務にも拘束されず、自分が自由に活用できる時間を持つことが保障される、ということです。

搾取階級が消滅し、すべての人間が生産活動に参加することによって、労働時間の抜本的な短縮が実現され、すべての人間に「自由な時間」が保障される。選ばれた特別の人間だけではなく、すべての人間に、自分の能力を発達させる条件が保障されるのです。資本主義社会は、剰余価値の拡大を徹底的に追求する利潤第一主義が経済発展の原動力となりましたが、未来社会では、自由な時間を得た人間の発達が社会の発展の原動力になります。これは、まさに、人類社会の歴史の新しい時代の始まりだと言ってよいでしょう。

マルクスは、資本主義社会の終末をもって人類社会の「前史」が終わると書きましたが（「経済学批判・序言」）、それは、社会主義・共産主義の未来社会をもって人類社会の「本史」が始まる壮大な展望を示した言葉でした。

私たちは、二〇〇四年に改定した新しい党綱領で、このことを含め、未来社会の新しい姿を全面的に明らかにしました。

古典研究の今日的な意義

第五に、日本共産党の理論家として、あなた自身はどのように『共産党宣言』を学習し、理解し、認識しているのでしょうか。このマルクス主義の古典の著作は、あなた自身にとってどんな意義があるのでしょうか？

不破　私たちは、『共産党宣言』の理論と運動の起点としての意義とともに、そこで取り上げられている問題の全領域にわたって、マルクスの学説の歴史的発展を探究してきました。

国際的には、スターリンとその後継者たちによって、マルクスの理論と学説がゆがめられ、変造されたりしてきた論点が無数にありました。スターリンは、その初期の著作『レーニン主義の基礎』で、「レーニン主義」とマルクスの理論を対比し、マルクスの理論を帝国主義以前の時代の理論、すなわち、過去の理論と意義づけ、「マルクス・レーニン主義」の名のもとに、実質的にはマルクス主義とは無縁の理論体系をつくりあげてきました。私たちは、二〇世紀の六〇年代から、この誤った理論体系を克服し、科学的社会主義の本来の立場を復活させ、日本と世界の新しい諸条件のもとで、それを現代的に発展させる努力をつくしてきました。もちろん、それには、古典の徹底した研究が不可欠でした。私たちは、いまでも、その努力を続けています。

『宣言』と日本共産党綱領

第六に、日本共産党は、『共産党宣言』のような著作、たとえば、「日本共産党宣言」と直接名づけた理論的著作はあるのでしょうか。もしあるのであれば、それは『共産党宣言』との間にはどんな区別や関連があるのかを語ってください。もしなければ、将来こうした著作を著すことはできるでしょうか。すなわち、日本共産党がどのようにマルクス主義、社会主義の道にそって党を建設するのかということです。

不破　私たちにとって、そういう意義を持つ文書は、日本共産党綱領です。この綱領は、一九六一年の第八回党大会で決定した綱領に、二〇〇四年の第二三回党大会で抜本的な改定をおこなったものです。そこには、私たちの党の理論的発展、なかでも、半世紀にわたる古典研究の成果と、スターリン時代以後の誤った遺産を根こそぎ清算した成果が結実しています。

党綱領は、五章からなり、第一章では、戦前の日本社会の情勢とそこでの党活動の歴史を概括し、第二章で、現在の日本社会の情勢を分析して、その大局的な特質を明らかにし、第三章で、二〇世紀をへて到達した二一世紀の世界情勢の特徴を分析し、第四章で、日本の当面する革命を、対米従属と大企業・財界の支配を打破する民主主義革命と規定して、それを成し遂げる道筋と統一戦線の方策を明らかにし、第五章で、社会主義・共産主義の社会、すなわち未来社会の日標とそこに至る道筋を解明すると同時に、二一世紀の世界的展望を示す、という構成になっています。

私たちは、そういう言葉は使いませんが、質問者の言葉を借りてあえて言えば、党綱領、これが、科学的社会主義の党として、日本共産党が、どんな日本、どんな世界をめざすかを語る、「日本共産党宣言」に該当すると思います。

「私的所有の廃止」の意味をどう理解するか

第七に、『共産党宣言』の中に、「共産主義者は、自らの理論を一つの表現に総括することができる――私的所有の廃止」という言葉があります。あなたはこの話をどのように理解していますか。

不破　『共産党宣言』は、引用された文章にすぐ続く部分で、社会の共同所有に移るのは、「資本」であることを強調し、のちの、「労働者革命」が実現したときに、実行される変革の内容を具体的に説明した部分でも、変革の内容を、「すべての生産用具を国家の手に、すなわち支配階級として組織されたプロレタリアートの手に集中」することだと、説明しています。『共産党宣言』が「私的所有の廃止」という場合、それが「生産手段の社会化」を意味することは、明白だと思います。

マルクスは、『資本論』で、未来社会の経済関係を問題にしたときにも、共同で生産する生産物について、生産手段はひきつづき社会の共同所有として残るが、生活手段は各個人に分配される、つまり個人の私有財産となるという説明をしています。これが基本態度でしたから、インタナショナルの時代に、反共派が、〝インタナショナルは勤労者の個人財産を廃止しようとしている〟という攻撃を加えてきたときにも、エンゲルスは、断固とした反撃をくわえたのでした。

革命論――マルクス自身の理論的発展を探究

第八に、『共産党宣言』の中で、「プロレタリアートは暴力によるブルジョアジーの転覆によって自らの支配を打ち立てる」と述べています。あなたは、この話が正確だと考えますか。それはなぜですか。

不破　当時は、ヨーロッパの主要国で、普通選挙権が保証され、国民の選挙によって議会や政府が選ばれるという民主的な政治体制は、どこにも存在しませんでした。そういう条件のもとでは、反動的な体制を変革する革命は、人民の決起による以外にありませんでした。それが、当時のマルクスの革命論にも反映しています。

その情勢が変わり、いくつかの国で民主的な政治体制がうまれはじめたとき、もっとも早くこのことに注目して、そういう条件を持った国ぐにでは、議会での多数者の獲得を通じての革命の展望があることを、初めて指摘したのも、マルクスでした。この点では、一八七〇年代のマルクスの次の二つの発言が、特に注目されるべきだと思います。

一つは、インタナショナルのヨーロッパでの活動を終結させたハーグ大会ののちに、アムステルダムの大衆集会でおこなった演説（一八七二年九月）です。マルクスは、「労働者は、新しい労働の組織をうちたてるために、やがては政治権力をにぎらなければならない」と述べた後、その方法について、次のように語りました。

「われわれは、この目標に到達するための手段はどこでも同一だと主張したことはない。

われわれは、それぞれの国の制度や風習や伝統を考慮しなければならないことを知っており、アメリカやイギリスのように、そしてもし私があなたがたの国［オランダ］の制度をもっとよく知っていたならば、おそらくオランダをもそれにつけくわえるであろうが、労働者が平和的な手段によってその目標に到達できる国々があることを、われわれは否定しない。だが、これが正しいとしても、この大陸の大多数の国々では、強力がわれわれの革命のてことならざるをえないことをも、認めなければならない」（「〔ハーグ大会についての演説〕新聞通信員による記録」、⑱一五八ページ）

もう一つの発言は、一八七八年、ドイツのビスマルク政府が、ドイツの労働者党を非合法化する弾圧立法を持ち出したとき、その議会討論の記録を読みながら、マルクスがノートに書き付けた次の文章です。一部の国ぐにでの革命の平和的発展の可能性についてのマルクスの考えが、アムステルダムでの演説よりも、さらにくわしくより立ち入った内容で説明されています。

「当面の目標は労働者階級の解放であり、そのことに内包される社会変革（変化）である。時の社会的権力者のがわからのいかなる強力的妨害も立ちはだからないかぎりにおいて、ある歴史的発展は『平和的』でありつづけうる。たとえば、イギリスや合衆国において、労働者が国会《パーラメント》〔イギリスの国会〕ないし議会《コングレス》〔アメリカの議会〕で多数を占めれば、彼らは合法的な道で、その発展の障害になっている法律や制度を排除できるかも知れない。しかも社会的発展がそのことを必要とするかぎりだけでも。それにしても、旧態に利害関係をもつ者たちの反抗があれば、『平和的な』運動は『強力的な』ものに転換するかも知れない。その時は彼らは（アメリカの内乱やフランス革命のように）強力によって打倒される、『合法的』強力に対する反逆として」（「『社会主義者取締法にかんする帝国議会討論の概要』から」古典選書『多数者革命』九六ページ、全集㉞四一一二ページ）

マルクスの革命論は、こうして、資本主義諸国での政治制度の変化、とくに国民主権の民主主義の政治体制の進化に応じて、発展をとげてきました。そして、その発展は、多数者革命の路線として結実してゆきます。

私たちは、革命論の問題では、『共産党宣言』での規定を当時の歴史情勢のなかで位置づけ、マルクスの革命論のその後の発展とその方向性を正確にとらえることが、きわめて重要だと考えています。

この問題では、レーニンが、その見地に立たず、二〇世紀に入った段階で、強力による革命を革命の普遍的法則と意義づけ、いわば『共産党宣言』段階の革命論を固定化してしまったことは、マルクスの理論的発展に逆行したもので、たいへん残念なことでした。

（「しんぶん赤旗」二〇一八年一〇月一一日付）

不破哲三（ふわ　てつぞう）

1930年生まれ

主な著書　「スターリン秘史」（全6巻）「現代史とスターリン」（渡辺治氏との対談）「史的唯物論研究」「講座『家族・私有財産および国家の起源』入門」「自然の弁証法―エンゲルスの足跡をたどる」「エンゲルスと『資本論』」（上・下）「レーニンと『資本論』」（全7巻）「マルクスと『資本論』」（全3巻）「『資本論』全三部を読む」（全7巻）「古典研究　マルクス未来社会論」「古典研究　議会の多数を得ての革命」「古典への招待」（全3巻）「マルクス、エンゲルス　革命論研究」（上・下）「『資本論』はどのようにして形成されたか」「マルクス『資本論』―発掘・追跡・探究」「『資本論』探究―全三部を歴史的に読む」（上・下）「古典教室」（全3巻）「マルクスは生きている」（平凡社新書）「新・日本共産党綱領を読む」「報告集・日本共産党綱領」（党出版局）「党綱領の理論上の突破点について」（同前）「党綱領の未来社会論を読む」（同前）「日本共産党史を語る」（上・下）「新版 たたかいの記録―三つの覇権主義」「スターリンと大国主義」「日本共産党にたいする干渉と内通の記録」（上・下）「二十一世紀と『科学の目』」「ふたたび『科学の目』を語る」「アジア・アフリカ・ラテンアメリカ―いまこの世界をどう見るか」「21世紀の世界と社会主義」「『科学の目』講座 いま世界がおもしろい」「激動の世界はどこに向かうか―日中理論会談の報告」「『科学の目』で見る日本と世界」「歴史から学ぶ」「『科学の目』で日本の戦争を考える」「私の戦後六〇年」（新潮社）「回想の山道」（山と渓谷社）「私の南アルプス」（同前）「新編 宮本百合子と十二年」「小林多喜二―時代への挑戦」「文化と政治を結んで」「同じ世代を生きて―水上勉・不破哲三往復書簡」「不破哲三　時代の証言」（中央公論新社）

『資本論《しほんろん》』のなかの未来社会論《みらいしゃかいろん》

2019年 3 月10日　初　版

著　者　不 破 哲 三

発行者　田 所 　稔

郵便番号　151-0051　東京都渋谷区千駄ヶ谷 4-25-6

発行所　株式会社　新日本出版社

電話　03（3423）8402（営業）

03（3423）9323（編集）

info@shinnihon-net.co.jp

www.shinnihon-net.co.jp

振替番号　00130-0-13681

印刷・製本　光陽メディア

落丁・乱丁がありましたらおとりかえいたします。

ISBN978-4-406-06344-9　C0033　Printed in Japan